"十四五"职业教育国家规划教材

实用写作手册

主　编　张竹筠

副主编　王　超　胡亚娟　李海兵　沈亚玲　薛胜男

参　编　龚　婷　刘永旭　彭筱琼　樊振华　叶　琼
　　　　王若菲　庞林林　白　雪

北京理工大学出版社
BEIJING INSTITUTE OF TECHNOLOGY PRESS

版权专有　侵权必究

图书在版编目（CIP）数据

实用写作手册 / 张竹筠主编. --北京：北京理工大学出版社，2021.10（2023.8重印）
ISBN 978-7-5763-0465-7

Ⅰ. ①实… Ⅱ. ①张… Ⅲ. ①汉语–写作–高等职业教育–教材 Ⅳ. ①H15

中国版本图书馆 CIP 数据核字（2021）第 202185 号

出版发行 / 北京理工大学出版社有限责任公司
社　　址 / 北京市海淀区中关村南大街 5 号
邮　　编 / 100081
电　　话 / （010）68914775（总编室）
　　　　　（010）82562903（教材售后服务热线）
　　　　　（010）68944723（其他图书服务热线）
网　　址 / http://www.bitpress.com.cn
经　　销 / 全国各地新华书店
印　　刷 / 河北盛世彩捷印刷有限公司
开　　本 / 787 毫米×1092 毫米　1/16
印　　张 / 15.5
字　　数 / 365 千字
版　　次 / 2021 年 10 月第 1 版　2023 年 8 月第 3 次印刷
定　　价 / 48.50 元

责任编辑 / 王俊洁
文案编辑 / 王俊洁
责任校对 / 刘亚男
责任印制 / 施胜娟

图书出现印装质量问题，请拨打售后服务热线，本社负责调换

前　言

　　人是社会的动物，社会是人与人相互作用的产物。马克思指出："人是一切社会关系的总和。一个人的发展取决于和他直接或间接进行交往的其他一切人的发展。"可见，沟通能力是一个人生存与发展的必备能力，也是决定一个人成功的必要条件。构成沟通能力有两个因素：一是思维是否清晰，能否有效地收集信息，并作出逻辑的分析和判断；二是能否通过口头或是书面语言贴切地表达出自己的思维过程和结果。教育部《关于进一步加强学校语言文字工作的意见》（教语用〔2017〕1号）强调："书面语表达水平和语言综合运用能力，是国民综合素质的重要构成要素，在个人成长成才过程中具有不可替代的作用。"鉴于此，很多大学都通过各种形式从书面语言和口头语言等方面加强对学生沟通能力和逻辑思维的培养。如清华大学成立了"清华大学写作中心"，面向全体学生开设了小班必修课"写作与沟通"。该课程经第三方评估，被评价为"教学高能课"。

　　党的二十大报告中明确了"到二〇三五年，我国发展的总体目标是建成教育强国、科技强国、人才强国、文化强国、体育强国、健康中国，国家文化软实力显著增强；"明确指出要"统筹职业教育、高等教育、继续教育协同创新，推进职普融通、产教融合、科教融汇，优化职业教育类型定位。"更进一步地强调"要办好人民满意的教育。教育是国之大计、党之大计。培养什么人、怎样培养人、为谁培养人是教育的根本问题。育人的根本在于立德。全面贯彻党的教育方针，落实立德树人根本任务，培养德智体美劳全面发展的社会主义建设者和接班人。"本书致力于提升职业院校学生的逻辑思维能力和书面沟通能力，助力高素质技术技能人才的培养。

　　本书具有以下几个特点：

　　一是思政引领，美育协同。在本书编写过程中，我们贯彻落实课程思政和美育原则，例文的内容须反映社会主义核心价值观，符合党的二十大会议精神；例文的形式须反映文字美、格式美、节奏美等美的元素。

　　二是立足当下，着眼未来，为学生的可持续发展提供丰富的写作例文。按照大学生的培养目标，综合考虑就业岗位需求和未来的发展前景，编入了机关团体、企事业单位在工作、社交中所需的各类常用文书，包含企事业单位日常交往所需的党政公文、事务文书、宣告文书、信函文书、契约文书等，帮助学生在了解和熟悉上述文书写作内容的基础上，通过写作训练，逐步掌握写作社会公务应用文和个人交际交往应用文的基本技能，为日后顺利就业和个人发展奠定坚实的基础。

　　三是点面结合，循序渐进。

  本书共设计了 8 个模块，对于使用频率较高、写作难度稍大的文种，安排课程单元，让学生明确学习目标和拟实现的预期成果；设计了模拟任务、例文鉴赏、必备知识、写作训练 4 个板块，从感性到理性、从直观到抽象，激发学习兴趣，提高学习质量；对于在日常工作和生活中使用频率偏低的文书，设置了拓展例文，供学有余力的学生拓展提升所用。中华民族素有重视"必以书"的沟通表达传统，甚至上升到哲学和道德层面，因此有"文以载道""铁肩担道义，妙手著文章""千古道德文章"等种种说法。希望这本书的出版，能够发挥抛砖引玉的作用，进而引发业界对培养学生逻辑思维能力和书面沟通等能力的进一步关注与重视，助力高素质技术技能人才培养，塑造学生的核心就业能力。

  感谢所有为本书出版付出辛劳、提供支持和帮助的朋友们：朱仁宏、徐春龙、梅声洪、吴敏宜、蒋丽红、顾涧清、许爱军、胡英芹、周欢伟、王向岭等。

  此外，本书参考了大量相关教材、资料，但因受篇幅所限，仅列出了部分参考书目。在此，谨对我们参考借鉴过的所有文献资料的作者表示衷心的感谢。

  由于编写时间短促，书中不足之处在所难免，期待朋友们不吝赐教，多提宝贵意见。

张竹筠

目 录

模块一　实用写作素养 ·· 1
　单元一　实用写作的思维 ··· 3
　单元二　实用写作的语言 ·· 15
　单元三　实用写作的表达方式 ·· 21

模块二　信函类文书 ·· 29
　单元一　求职信 ·· 31
　单元二　求职简历 ·· 34
　单元三　贺信（电） ··· 39
　单元四　慰问信 ·· 43
　单元五　感谢信 ·· 47
　单元六　邀请函 ·· 50

模块三　机关事务类文书 ··· 53
　单元一　计划 ··· 55
　单元二　总结 ··· 61
　单元三　述职报告 ·· 69
　单元四　电话记录 ·· 74
　单元五　会议记录 ·· 77
　单元六　竞聘词 ·· 83
　单元七　汇报提纲 ·· 88
　单元八　领导讲话稿 ··· 92
　单元九　调查报告 ·· 98
　单元十　简报 ··· 106
　单元十一　开幕词 ·· 111
　单元十二　闭幕词 ·· 115

模块四　宣告类文书 ... 119

单元一　启事 ... 121
单元二　声明 ... 128
单元三　祝词 ... 134
单元四　解说词 ... 140
单元五　消息 ... 144
单元六　通讯 ... 150

模块五　主持类文书 ... 157

单元一　主持词 ... 159

模块六　党政机关公文 ... 163

单元一　通知 ... 165
单元二　纪要 ... 172
单元三　通报 ... 180
单元四　报告 ... 186
单元五　请示 ... 194
单元六　函 ... 200

模块七　契约类文书 ... 207

单元一　备忘录 ... 209
单元二　意向书 ... 216

模块八　商务类文书 ... 221

单元一　商业计划书 ... 223

参考文献 ... 240

模块一 实用写作素养

单元一　实用写作的思维

学习目标

1. 了解实用写作的特点；
2. 培养实用写作的思维。

预期成果

通过本单元的学习和训练，学生能够养成基本的实用写作思维。

一、模拟任务

2019年9月17日，为庆祝中华人民共和国成立70周年，第十三届全国人民代表大会常务委员会第十三次会议决定授予功勋模范人物于敏、申纪兰（女）、孙家栋等"共和国勋章"。请结合上述材料分别拟写一份表彰决定和通讯。

二、例文鉴赏

【例文1】

全国人民代表大会常务委员会关于授予国家勋章和国家荣誉称号的决定

（2019年9月17日第十三届全国人民代表大会常务委员会第十三次会议通过）

为了庆祝中华人民共和国成立70周年，隆重表彰为新中国建设和发展作出杰出贡献的功勋模范人物，弘扬民族精神和时代精神，根据《中华人民共和国宪法》和《中华人民共和国国家勋章和国家荣誉称号法》，第十三届全国人民代表大会常务委员会第十三次会议决定：

一、授予下列人士"共和国勋章"

于敏、申纪兰（女）、孙家栋、李延年、张富清、袁隆平、黄旭华、屠呦呦（女）。

二、授予下列人士"友谊勋章"

劳尔·卡斯特罗·鲁斯(古巴)、玛哈扎克里·诗琳通(女,泰国)、萨利姆·艾哈迈德·萨利姆(坦桑尼亚)、加林娜·维尼阿米诺夫娜·库利科娃(女,俄罗斯)、让—皮埃尔·拉法兰(法国)、伊莎白·柯鲁克(女,加拿大)。

三、授予下列人士国家荣誉称号

授予叶培建、吴文俊、南仁东(满族)、顾方舟、程开甲"人民科学家"国家荣誉称号;

授予于漪(女)、卫兴华、高铭暄"人民教育家"国家荣誉称号;

授予王蒙、秦怡(女)、郭兰英(女)"人民艺术家"国家荣誉称号;

授予艾热提·马木提(维吾尔族)、申亮亮、麦贤得、张超"人民英雄"国家荣誉称号;

授予王文教、王有德(回族)、王启民、王继才、布茹玛汗·毛勒朵(女,柯尔克孜族)、朱彦夫、李保国、都贵玛(女,蒙古族)、高德荣(独龙族)"人民楷模"国家荣誉称号;

授予热地(藏族)"民族团结杰出贡献者"国家荣誉称号;

授予董建华"'一国两制'杰出贡献者"国家荣誉称号;

授予李道豫"外交工作杰出贡献者"国家荣誉称号;

授予樊锦诗(女)"文物保护杰出贡献者"国家荣誉称号。

全国人民代表大会常务委员会号召,全国各族人民要紧密地团结在以习近平同志为核心的党中央周围,以国家勋章和国家荣誉称号获得者为楷模,大力宣传他们的卓越功绩,积极学习他们的先进事迹,不忘初心、牢记使命,开拓进取,奋发有为,为决胜全面建成小康社会、夺取新时代中国特色社会主义伟大胜利、实现中华民族伟大复兴的中国梦作出新的更大贡献!

(资料来源:中国人大网 npc.gov.cn)

【例文2】

"共和国勋章"获得者于敏
——一个曾经绝密 28 年的名字

他28载隐姓埋名,填补了中国原子核理论的空白,为氢弹原理突破作出了卓越贡献。

他荣获"两弹一星"功勋奖章、国家最高科学技术奖等崇高荣誉,盛名之下保持一颗初心:"一个人的名字,早晚是要消失的,能把自己微薄的力量融进强国的事业之中,也就足以欣慰了。"

他是于敏,"共和国勋章"获得者。

夜以继日,终获突破

"国产专家一号"——人们这样亲切地称呼于敏。

没有留过洋,无碍他成为世界一流的理论物理学家;在原子核理论研究的巅峰时期,他毅然服从国家需要,开始从事氢弹理论的探索研究工作。

那是20世纪60年代。一切从头开始,装备实在简陋,除了一些桌椅外,只有几把算尺和一块黑板。一台每秒万次的计算机,需要解决各方涌来的问题,仅有5%的时长可以留给氢弹设计。

科研大楼里一宿一宿灯火通明,人们为了琢磨一个问题,常常通宵达旦。于敏的报告,与彭桓武、邓稼先等人的报告相互穿插,听讲的人常常把屋子挤得水泄不通。

"百日会战"令人难忘。100多个日日夜夜，于敏先是埋头于堆积如山的计算机纸带，然后做密集的报告，率领大家发现了氢弹自持热核燃烧的关键，找到了突破氢弹的技术路径，形成了从原理、材料到构型完整的氢弹物理设计方案。

1967年6月17日，罗布泊沙漠深处，蘑菇云腾空而起，一声巨响震惊世界。新华社对外庄严宣告：中国第一颗氢弹在西部地区上空爆炸成功！

从第一颗原子弹爆炸到第一颗氢弹试验成功，美国用了7年多，苏联用了4年，中国仅用了2年8个月。

《中国军事百科全书——核武器分册》记载：于敏在氢弹原理突破中起了关键作用。

青春无悔，铸就丰碑

有人尊称他为"氢弹之父"，于敏婉拒。他说，这是成千上万人的事业。

1926年，于敏生于天津一个小职员家庭，从小读书爱问"为什么"。进入北京大学理学院后，他的成绩名列榜首。导师张宗遂说："没见过物理像于敏这么好的。"

中华人民共和国成立两年后，于敏在著名物理学家钱三强任所长的近代物理所开始了科研生涯。他与合作者提出了原子核相干结构模型，填补了中国原子核理论的空白。

正当于敏在原子核理论研究中可能取得重大成果时，1961年，钱三强找他谈话，交给他氢弹理论探索的任务。

于敏毫不犹豫地表示服从分配，转行。从那时起，他开始了长达28年隐姓埋名的生涯，连妻子都说："没想到老于是搞这么高级的秘密工作的。"

20世纪80年代以来，于敏率领团队又在二代核武器研制中突破关键技术，使中国核武器技术发展迈上了一个新台阶。

他与邓稼先、胡仁宇、胡思得等科学家多次商议起草报告，分析我国相关实验的发展状况以及与国外的差距，提出争取时机、加快步伐的战略建议。

在核试验这条道路上，美国进行了1 000余次，而我国只进行了45次，不及美国的1/25。

原子弹、氢弹、中子弹、核武器小型化……这是于敏和他的同事们用热血铸就的一座座振奋民族精神的历史丰碑！

淡泊明志，宁静致远

名字解密后，于敏收获了应得的荣誉。

20年前，在国庆50周年群众游行的观礼台上，刚刚被授予"两弹一星"功勋奖章的于敏，看着空前壮大的科技方队通过广场，感慨万分："这是历史赋予我们每个科学家义不容辞的使命。"

2015年1月9日，于敏荣获2014年度国家最高科学技术奖。他坐在轮椅上，华发稀疏，谦逊与纯粹溢于言表。

"我国国防科技事业改革发展的重要推动者""改革先锋"……极高的荣誉纷至沓来，于敏一如既往地低调。于家客厅高悬一幅字："淡泊以明志，宁静以致远。"

一滴水，只有放进大海，才永远不会干涸。

2019年1月16日，于敏溘然长逝，享年93岁。

愿将一生献宏谋！——他兑现了对祖国的诺言，以精诚书写了中国现代史上一段荡气回肠的传奇。

（资料来源：新华社北京9月17日电 记者 董瑞丰）

三、必备知识

（一）认知实用文书

写作是运用语言文字符号反映客观事物、表达思想感情、传递知识信息的创造性脑力劳动过程。从现代信息论、系统论的角度来看，写作是一个收集、加工、输出信息的整体系统。作为一个完整的系统过程，写作活动是有阶段性的。大致可分为采集、构思、表述三个阶段。具体又可分为采集、立意、谋篇、用语、修改等五个环节。每个阶段和环节都有自身的特点、规律和要求。如果人们的写作活动符合这些规律和要求，就有可能"妙笔生花"，写出文质兼备的好文章、好作品。

1. 实用文书的特点

1）实用性强

写作实用文书总有具体明确的实用目的，总是为了解决特定的问题，总有明确而固定的使用对象，也就是说，实用文书都有它的目的。

2）讲究逻辑

实用文书的写作讲究逻辑性，文章结构要求条理清晰，段落与材料之间有明显的逻辑关系。叙述事项界限清晰，不重复、不交叉。如请示，要写清请示事项和请求批准的原因；而总结应在陈述具体成绩和存在问题的基础上，分析取得成绩和存在问题的原因。

3）格式规范

由于实用文书种类繁多，它必须尽可能在形式上便于掌握，内容上便于理解，以便更好地为生活和工作服务。为了适应这一要求，实用文书在长期的发展过程中逐渐形成了固定的写作格式。这种结构形式上的格式化首先是为了便于运用，同时也是由实用文书的内容及实用性特点所决定的，这构成了实用文书与其他文体相区别的主要特点。

4）文字简约

实用写作首先强调思想的朴实和思维的明晰，使用的语言要实实在在，要言不烦，不堆砌词句，不藻饰铺陈，戒套话、空话。但字、词、句的运用也要讲究分寸，轻重适宜，表意明确，简约扼要，只要能把事情记述明白，把问题交代清楚，无出入、无歧义，就达到了实用文书写作的要求。

2. 实用文书的分类

实用文书按照不同标准，分类结果也不同。本书将实用文书分为信函类文书、机关事务类文书、宣告类文书、主持词、党政公文类文书、商务类文书、契约类文书、条据类文书、规则制度类文书、专业类文书10个大类。

（二）实用写作思维训练

1. 确定实用文书的主旨

主旨指行文或文章的主要意义、用意和目的，重在表现行文的目的和主张。目的是作者想要得到的结果，主张是作者对实现结果提出的意见、要求、办法或措施。主旨在于直陈其事，直接推出自己的目的或主张。主旨是全篇的灵魂，是全篇的统帅和核心，在明确主旨时，需要把握以下原则。

1）正确

正确是对主旨最基本、最起码的要求。主旨不正确，便从根本上否定了整篇文章。由于实用文书的主旨往往事关国家、人民、地区及企事业单位的大局，影响面广，其主旨的正确性就必须保证。看主旨是否正确，应该从实用文书的本质特点——实用性出发来加以衡量。主旨要符合党的方针政策，符合国家的法律、法规；能反映事物的发展规律，能准确揭示事物的本质与内涵；符合国家、人民的长远利益和根本利益；符合实事求是的原则。这就是说，实用文书的主旨，首先应该体现思想性和科学性的结合。

2）明确

实用文书的主旨还要求清晰明白，态度明朗；不可似是而非，含糊暧昧，模棱两可。实用文书贵直忌曲，要求直陈主旨，正面表态，直言不讳地明确表达自己赞成什么、反对什么、肯定什么、否定什么，哪些成绩和行为应予表彰奖励、发扬光大，哪些缺点应予批评指正，哪些问题应予解决，不含蓄、不隐晦、不寄托、不象征，态度明朗，明确摆出主旨。只有这样，才能便于理解，便于实施。

3）集中

主旨的集中与明确紧密相连，明确的主旨同时也要求集中。要做到集中，全篇就要围绕一个中心展开阐述、议论。主旨的"主"，就是中心，集中才有中心。"意多文必乱"，意多，也难以形成主旨。实用文书不但要求集中，而且强调一文一事、一题一议。

2. 处理实用文书的材料

1）选择材料的标准

材料，就是为写作需要而搜集的一系列事实和事理。如果把主旨比作文章的灵魂，那么材料就是文章的血肉。用充分、生动、典型、新鲜的材料去表现主题，文章才显得内容丰富，有较强的说服力。

（1）真实准确

真实是实用文书的生命。实用文书所用材料必须真实准确，从事件的叙述到数字的使用，都必须完全与事实一致，不得有丝毫虚假。

（2）紧扣主题

所有写作材料都是为一定的写作主题服务的，实用文书写作对材料的选择更加严格。在实用文书写作中，要求紧扣所服务的主题选择材料，做到明确而无歧义，具体而不琐碎，精准而不含糊。

2）组织材料与观点的方法

（1）材料先行，总结观点

这种组织形式，一般先介绍材料，如说事实、举数字、摆证据，在此基础上，总结归纳出观点。这种写法由事到理，说服力强，适用于叙事性强的实用文书。

（2）观点先行，材料证明

这种组织形式，一般开门见山，首先亮出观点，然后列举事实、数据、证据来证明观点。这种写法观点鲜明，思路清晰，材料充分，说服力强，适用于说理性强的实用文书。

3. 实用文书写作常用思维

1）递进思路

递进思路是运用递进思维方法形成的思路，是实用文书写作常用的思路指引。递进思维是认识事物由浅入深、由表到里、由小到大、由轻到重，层层递进，循序渐进的思维方法。运用此思路，可以清晰、深入地阐述某些复杂事理，说明某种复杂的关系，有助于认识事物的本质属性，从而使文章具有一定的深度。

① 按照"提出问题—分析问题—解决问题"的思路安排论证结构，即围绕中心论点回答三个问题：是什么、为什么、怎么办。这种结构使文章更显深刻。例如，《某某公司会议管理混乱现状亟待改变》的调查报告，按递进思路进行如下构思：

某某公司会议管理混乱
↓
会议管理混乱导致会议数量多、效率低、干部疲于赴会
↓
会议管理混乱的原因
↓
采取有力措施改进会议管理制度

② 将中心论点分解成几个分论点，分论点之间的关系由浅入深、由简单到复杂，或者由此及彼、由近及远、由易到难、由特殊到一般（或由一般到特殊），层间可用"不仅……而且……""……况且"等关联词语过渡，同时又以此反映层次间的递进关系。

2）比较思路

比较主要分为时间比较和空间比较两大类。

时间比较是历史形态上的比较，通过比较能发现同一事项或不同事物在不同时期呈现的差异，也叫纵向比较、历史比较。

空间比较是现实既定形态的比较，通过比较能鉴别不同事物在同一时间呈现出的异同，也叫横向比较、现实比较。

纵比能追根溯源，使人思路清晰，易于看到事物的发展变化过程，但思路略显狭窄，拓展不够。横比思路开阔，使人易于看到事物间的差异，但或流于表面，看不到事物的实质和本质。二者各有长短，可以取其长处综合使用。在撰写规划、方案、可行性报告、经济预测报告、决策意见等实用文书时，宜采用综合比较思路。

例如：邓小平同志在《中国共产党第十二次全国代表大会开幕词》中，将七大、八大和十二大作了全面比较。相同点有两点：第一，十二大的纲领和七大、八大的纲领一样，都是在总结党的历史经验的基础上制定出来的，是正确的；第二，"正如'七大'以前民主革命20多年的曲折发展，教育党掌握了我国民主革命的规律一样，'八大'以后社会主义革命和建设的曲折发展也深刻教育了全党。"不同点是"和八大的时候比较，现在我们党对我国社会主义建设规律的认识深刻得多了，经验丰富得多了，贯彻执行我们正确方针的自觉性和坚定性大大加强了。"在比较的基础上得出结论："我们有充分的证据相信，这次大会制定的正确纲领，一定能够全面开创社会主义现代化建设的新局面，使我们党兴旺发达，使我们的国家和各民族兴旺发达。"（资料来源：邓小平在中国共产党第十二次全国代表大会上的开幕词www.gov.cn）

运用比较要注意以下三点：

（1）比较的双方必须是同一范畴的事物

太阳和月亮可以比，比亮度、比温度；水和火可以比，比对人类的贡献或者比给人类带来的灾难。洪水和猛兽看来相去甚远，但如果比较的是他们对人类的危害，又属于同一范畴的事物，可见，分辨对比的双方是不是同一范畴的事物，不仅要看表面现象或形象的异同，更主要的是还要看能不能找到比较点。

（2）比较必须在同一关系下进行

木头的长度和夜的长度是不可比的，因为一个是空间的长度，一个是时间的长度。智慧的多少与谷物的多少也是不可比的，因为一个是有形的，一个是无形的。不过随着科学的发展，人类对自然界认识的范围越来越广，认识的层次越来越深。因此，过去曾被认为是不可比的特征，现在从更广泛和更深层次来认识，可能已具有可比性。

3）因果思路

实用文书写作采用因果思路时，要注意以下两点：

（1）要全面分析导致结果或现状的原因

在诸多原因中，首先抓住主要的、根本的原因，同时也不忽视次要原因。要实事求是地、全面地分析事物的内因和外因，不能只抓一点，不及其余，防止片面性和绝对化。

（2）要深刻地分析产生结果的原因

要力求"打破砂锅问到底"，揭示出最深层的、最根本的、最起作用的原因，这样才有助于抓住事物的本质。比如，某厂生产的传统产品出现销售疲软势头，厂方要求作出调查并写出市场销售情况的调查报告。通过调查，发现销售疲软是广告宣传不力、营销渠道不畅、产品包装陈旧、产品式样单一、产品质量下降等多种原因造成的。经过分析研究，认定其中质量下降是关键原因。进一步分析，发现导致质量下降的原因是生产第一线工人不顾质量，检验工不负责任。又深入分析，发现造成这种状况的原因是管理不善，制度不严，职工普遍缺乏质量意识。再追本溯源，发现主要是厂领导班子缺乏市场优胜劣汰的竞争意识，只抓产品数量、产值，忽视产品质量。这样层层深入，抓住了深层次的根本原因，提出了"领导重视，狠抓质量，注重宣传，打通渠道"的对策，从而使产品销售重新出现了增长势头。

4. 实用文书的结构

1）安排实用文书的结构要遵循的基本原则

① 要为主题服务；

② 符合体裁的特点；

③ 有逻辑性；

④ 完整周密。

2）实用文书的结构特点

（1）格式规范

实用文书有比较固定的格式，如法定格式和惯用格式。只有按照格式来写，才是规范的。

① 法定格式是国家机关以法律的形式作了统一要求的格式，要求公文和相当公文性质的实用文书在写作时必须遵守。

② 惯用格式是人们在长期实用写作实践中形成的约定俗成的格式。虽然不是国家机关规定的，但实用写作时一定要遵守。

（2）条理分明

实用文书的结构安排重视逻辑性，段落层次之间讲究有条有理。常用的结构形式有以下几种：

① 总分式，即层次之间形成总说和分述的关系；

② 递进式，即层次之间一层深入一层；

③ 并列式，即层次之间是平等并列的关系。

此外，为了条理分明，常用数词一、二、三……；（一）（二）（三）……；1. 2. 3.……；（1）（2）（3）……表示层次。

（3）突出重点

实用文书表现为一文一事，突出重点，不同的事情一般不得同为一文。全文有一个基本观点，各层次段落的分观点紧扣基本观点，为基本观点服务，重点突出基本观点。

3）实用文书常见的层次安排

（1）总分式

总分式是指文章开头先对全文的内容作简要概述，然后依次分别对其展开论述的结构方式。这种结构能鲜明地体现领属关系或整体与部分的关系，具有中心突出，层次分明，条理清晰的特点。如在总结中，可先对全年工作完成情况作简要总体介绍，然后对各方面工作情况作具体论述。总分式还可以分为先总后分式、先分后总式及总分总式（先总述再分述，最后再总述）。在实用文书写作中，用得较多的是先总后分式。如通告、通知、会议纪要等文书大都采用这种层次。总分总式通常适用于篇幅较长的实用文书，如调查报告、经济活动分析报告、科技论文等。

（2）并列式

并列式是指文章中几个层次之间的关系是平行、并列的结构方式，也称横式结构。并列式还可细分为以下几种：

① 按空间的分布或场面的转换安排层次。如综合简报、事件通讯，常把不同地区、不同部门的动态情况，按同一主旨，采用并列结构方式进行综合报道。

② 按材料的性质归类安排层次。从中心论点的若干层面，提炼出各个分论点，从不同的角度共同论证论点，许多说理性文体常用此种方式。在计划、总结、规划、科技论文、调查报告等文体的写作中，也多采用此种类型。

③ 还可以按事物各个构成部分展开层次。

（3）递进式

递进式是指文章以时间为推移，或由现象到本质、从因到果等逻辑关系逐层深入展开的结构形式，也称纵式结构。比如开头提出问题，之后剖析研究问题，再找出原因，得出结论，最后提出解决问题的办法或建议，就是一种从因到果的递进式。另外，按事物发展演变的过程来安排层次，也属递进式，如情况通报、经济诉状等文体常用此种方式。主要的方式有以下几种：

① 按照时间先后顺序展开层次。

② 按照事物或矛盾发展的各个阶段展开层次。

③ 按照作者认识的发展深化展开层次。

④ 按照论证推理的各个步骤展开层次。

单元一　实用写作的思维

4）段落

段落又称作自然段，是文章中表达完整仪式的最小单位，是构成文章的基本单位，是表达文章内容次序、步骤或内容转换、间歇、停顿的标志。在形式上常用空格、转行等来表示。

段落的展开主要围绕主句进行。"主句是段落中概括或提示本段中心、内容范围的句子。它起提携全段的作用，好的主句总能服从于并说明文章题目（或主旨），能揭示段落中心或揭示段落的内容范围。"围绕主句展开段落，是写好实用文书段落的关键。

一般来说，围绕主句展开段落的方式，通常有下列几种：

（1）通过解释、说明和阐述主句展开段落

即具体对主句提出的概念、定义、主张或观点进行解释和阐述，以展开段落。

例如：办学要体现改革的精神。//增设学院，不增加编制。要充分挖掘党校现有的师资、场地、设施等方面的潜力。还要充分利用各种社会智力资源，聘请有实践经验、有理论素养的干部和企业家讲课，当客座教授。在生产（经营）、教学、科研相结合上下功夫，努力探索一条有特色的党校办学的新路子。

（2）以实例说明主句展开段落

用举例来陈述、证实、说明主句以展开段落。

例如：全力推进粤港澳大湾区建设，对外开放水平持续提升。//粤港澳大湾区建设积极推进。习近平总书记亲自谋划、亲自部署、亲自推动粤港澳大湾区建设，亲自宣布港珠澳大桥正式开通，粤港澳大湾区规划建设迈出实质性步伐。建立健全大湾区建设领导协调机制，成立广东省推进粤港澳大湾区建设领导小组。推动广深科技走廊向香港、澳门延伸，粤港联合创新资助项目151个。成立粤澳合作发展基金并启动运营。广深港高铁开通运营，虎门二桥主体工程全线贯通，深中通道、莲塘/香园围口岸、粤澳新通道等项目建设加快推进，"一地两检""合作查验、一次放行"等通关政策落地。落实便利港澳居民到内地发展的政策措施，推出港澳居民办理居住证、取消办理就业许可证等18项举措。

（资料来源：2020年广东省国民经济和社会发展统计公报　gd.gov.cn）

（3）通过递进展开段落

即由浅入深层层推进，逐步深入地说明事物的本质属性或事理，以展开段落。它实质上是递进思路在段落中的运用。

例如：从新中国成立初期，践行"自力更生为主，争取外援为辅"，取得以"两弹一星"为标志的一批自主创新重大科技成果；到改革开放以来，实施"科教兴国战略""建设创新型国家"，涌现出载人航天工程等大批自主创新、世界领先的成套技术装备和系统性平台性产品；再到党的十八大以来全面实施创新驱动发展战略、加快科技自立自强、建设世界科技强国，"天眼"探空、"墨子"传信、高铁奔驰、"北斗"组网、"蛟龙"入海、"九章"问世，大国重器相继涌现，科技创新领域发生翻天覆地的变化。树高叶茂，系于根深。历史和实践充分证明，坚持走中国特色自主创新道路是我国不断提高科技发展水平、提升综合国力的正确选择。

（资料来源：学习强国　xuexi.cn）

（4）通过数字说明展开段落

即通过数字说明主句以展开段落。这种方法，有利于具体、准确地说明客观事物的现状及其变化。

11

例如：全年各级各类教育（不含非学历培训、不含技工学校）招生数 748.03 万人，比上年增长 3.1%；在校生 2 600.63 万人，增长 4.7%；毕业生 624.71 万人，增长 2.6%。其中，特殊教育学校招生 1.26 万人，在校生 6.38 万人；学前教育在园幼儿 480.18 万人。

（资料来源：2020 年广东省国民经济和社会发展统计公报 gd.gov.cn）

（5）通过比较展开段落

即通过比较事物的差异或说明事物的相同点，来展开段落。

例如：对技术人员的引进态度不一样。//发展快的张村，光从京、津等地请进的技术人才就有近百名，并采取师傅带徒弟的办法，为本地培养技术人员 326 名。靠这些人，办企业 87 个，今年新增产值 960 元；发展慢的王村，只引进外地人才 11 名。

（6）通过分类展开段落

即依据同一标准对事物分类，以展开段落。

例如：这次检查的内容为今年 6 月份以来发生的各种乱涨价、乱收费行为。//① 违反国家规定，擅自涨价和扩大进销差率、批零差率、最高限价、指导价，提高商品价格及收费标准的行为；② 违反国家规定的调价备案、申报制度与监审品种的差率、利润率、临时性限价以及不实行明码标价的行为；③ 违反国家规定，擅自提高化肥、农膜、农用柴油等农业生产资料最高限价的行为；④ 擅自扩大收费范围，随意提高收费标准以及自立名目乱收费的行为。文中 4 类行为皆是符合乱涨价、乱收费的行为。

（7）通过总说与分述展开段落

即先综述后分说，实质上是总分思路在段落中的体现。综述要概括、准确，分说要善于铺陈，必要时可用序号，使分说条理更清楚。

例如：县委、县政府把加快乡镇企业发展步伐作为全县经济上台阶、农民奔小康的突破口，领导重视，工作抓得实在。//县委县政府把乡镇企业工作列入重要工作日程，县委常委会、政府常务会多次专题研究乡镇企业工作，先后 4 次召开大型乡镇企业会安排部署、检查指导。县委书记、县长蹲在基层调查研究，协调解决问题；主管领导集中精力抓住不放。为各乡（镇）配备了抓乡镇企业的专职副乡（镇）长；充实和加强了县乡企局和乡（镇）企业办的工作力量。明确提出，不抓乡镇企业的领导不是称职的领导，要解放思想换脑筋，不换脑筋就换人，不上台阶就下台。

例段中，分述从 4 个方面对总说的"领导重视，工作抓得实在"做了具体陈述。

（8）通过转折展开段落

即通过前后意思的转变以展开段落。

例如：我省生猪经营放开后，多渠道流通发展迅速，市场繁荣。但是也出现了一些值得重视的问题，突出的是生猪屠宰管理欠规范，肉品质量有所下降……

（9）通过排比句展开段落

排比是把三个以上结构相同或相似的、语气一致、意义相关的短语或句子连续排列起来使用的一种修辞方法。在实用文书中运用排比展开段落，能使叙说之事更加周密、完整，使所论之理更加透彻，使表达的内容更加突出，而且，排比句结构匀称，节奏鲜明有力，能大大增强文章的可读性和感染力。

例如：只有不断巩固和扩大团结，才能维护稳定的社会局面，保持和谐的人际关系；才能挖掘蕴藏的潜力，充分发挥中国人民的聪明才智；才能振奋民族精神，凝聚海内外各方面的力量。

（10）通过时空的变化展开段落

以时间先后为序展开段落，来表述同一时间里不同地域、方位的情况。

例如：我国经济体制的改革，已经经过了几年的酝酿和实践。十一届三中全会在决定把全党工作重点转移到经济建设上来的同时就着重指出，为了实现社会主义现代化，必须对经济体制进行改革。那次会议以后，全党在拨乱反正和调整国民经济方面进行了大量工作，改革主要在农村进行。在完成指导思想上的拨乱反正、实现历史性伟大转折的基础上，党的十二大明确提出了有系统地进行经济体制改革的单元，并且指出这是坚持社会主义道路、实现社会主义现代化的重要保证。近两年来特别是今年以来，党中央、国务院又作出了一系列重要决策和指示，推动了各项改革的广泛深入发展。

5）过渡

指文章的层次和段落之间的连接承转。过渡在文章中起着桥梁和纽带的作用，使上下文自然衔接，结构更严谨。

实用文书常见的过渡办法有三种：一是用关联词语，在意义转折不大的情况下，采用过渡词过渡。如首先、其次、以上、以下、总而言之、由此可见、综上所述，等等。二是用过渡句，在前一段的末尾或后一段的开头，用富有分析性的句子或设问句加以过渡。例如，公文常用的过渡句有"来函收悉，经研究，现批复如下……"。三是过渡段。在上下文转折、跳跃性大的情况下，采用承上启下的过渡段。

6）开头

（1）概述情况

即在开头简明扼要、切题地介绍有关情况或背景。简报、报告、会议纪要、总结等常用此法开头。

（2）提出问题

即在开头提出问题，提示实用文书的主旨或主要内容，以引起读者的注意与思考。调查报告常用这种方式开头。

（3）直陈目的

即在开头以"为了""为"等介词构成的主旨句领起下文。法规、规章、决定、通知等实用文书常用此方式开头。

（4）引述来文

即在开头引述对方来文、来电的标题、文号，然后引出下文。实用文书中的复函、批复普遍使用此方式开头。

（5）阐明观点

即在开头先提出观点，或者点明主旨，接着加以解释说明，以引起读者的重视。

（6）表明态度

即在开头直截了当地对批转、转发或发布的文件或者有关的事项、会议表明态度，作出评价，提出看法。批转、转发性通知多用此开头。

（7）交待原因

即在开头以"由于""因为""鉴于"等词领起下文，也可直接陈述发文原因。

（8）说明根据

即在开头引用有关法律、法规或上级指示精神,具体来说,是以"根据""遵照""按照"等词语领起下文,鲜明表明行文有据。通知、批复、规章文书等常用这种方式开头。

7)结尾

(1)作请求

即在结尾请求上级批复、批转、批准或请求对方帮助之类的话语。公文中的请示、函等普遍使用此方式结尾。

(2)作强调

即在结尾对文中的主要问题作强调说明,以引起读者重视。

(3)作要求

即在结尾提出要求、希望或发出号召。

(4)作总结

即在结尾对文中的主要观点或问题作出归纳或总结,使读者对全文有一个较完整的印象。

(5)显文种

以模式化的方式把名词性文种作动词用,并以此结尾,如"特此通告""特此通报""特此通知""特此报告"等。

(6)作补充

即在结尾补充交待有关事项、事宜。通知、法规、规章等常用此结尾。

四、写作训练

××××年1月26日零时22分,河北沧州青县站发生了惊险一幕:一趟列车即将进站之际,一名女子突然跳下站台轻生!生死关头,青县站助理值班员黄涛一边显示紧急停车信号,一边从远处飞奔至事发地点,纵身跳下站台,将轻生女子救出,前后不超过3秒钟。

请以上述材料为题材,写一篇通讯稿。

参考答案

单元二　实用写作的语言

学习目标

1. 了解实用写作语言要求；
2. 掌握实用写作的专用语言。

预期成果

学生能根据工作需要，选择得体、规范、准确的写作语言。

一、模拟任务

在建立 100 周年之际，为表彰为党的事业作出卓越贡献的优秀党员，中央举行了颁奖大会。在会上，习近平总书记和受表彰的优秀党员都有发言，请思考习近平总书记的讲话稿和受表彰的优秀党员的讲话稿在语言使用上有什么不同。

二、例文鉴赏

【例文1】

在"七一勋章"颁授仪式上的讲话

（2021年6月29日）

习近平

同志们：

今天，在庆祝中国共产党成立一百周年之际，我们在这里隆重举行仪式，将党内最高荣誉授予为党和人民作出杰出贡献的共产党员。

首先，我代表党中央，向"七一勋章"获得者，表示热烈的祝贺！致以崇高的敬意！

一百年来，我们党矢志践行初心使命，团结带领人民开辟了伟大道路、建立了伟大功业、铸就了伟大精神、积累了宝贵经验，在中华民族发展史和人类社会进步史上写下了壮丽篇章。

一百年来，一代又一代中国共产党人，为赢得民族独立和人民解放、实现国家富强和人民幸福，前仆后继、浴血奋战，艰苦奋斗、无私奉献，谱写了气吞山河的英雄壮歌。

今天受到表彰的"七一勋章"获得者，就是各条战线党员中的杰出代表。在他们身上，生动体现了中国共产党人坚定信念、践行宗旨、拼搏奉献、廉洁奉公的高尚品质和崇高精神。

——坚定信念，就是坚持不忘初心、不移其志，以坚忍执着的理想信念，以对党和人民的赤胆忠心，把对党和人民的忠诚和热爱牢记在心目中、落实在行动上，为党和人民事业奉献自己的一切乃至宝贵生命，为党的理想信念顽强奋斗、不懈奋斗。

心中有信仰，脚下有力量。全党同志都要把对马克思主义的信仰、对中国特色社会主义的信念作为毕生追求，永远信党爱党为党，在各自岗位上顽强拼搏，不断把为崇高理想奋斗的实践推向前进。

——践行宗旨，就是对人民饱含深情，心中装着人民，工作为了人民，想群众之所想，急群众之所急，解群众之所难，密切联系群众，坚定依靠群众，一心一意为百姓造福，以为民造福的实际行动诠释了共产党人"我将无我、不负人民"的崇高情怀。

江山就是人民，人民就是江山。全党同志都要坚持人民立场、人民至上，坚持不懈为群众办实事做好事，始终保持同人民群众的血肉联系。

——拼搏奉献，就是把许党报国、履职尽责作为人生目标，不畏艰险、敢于牺牲，苦干实干、不屈不挠，充分展示了共产党人无私无畏的奉献精神和坚忍不拔的斗争精神。

越是伟大的事业，越是充满挑战，越需要知重负重。全党同志都要保持"越是艰险越向前"的英雄气概，保持"敢教日月换新天"的昂扬斗志，埋头苦干、攻坚克难，努力创造无愧于党、无愧于人民、无愧于时代的业绩。

——廉洁奉公，就是保持共产党人艰苦朴素、公而忘私的光荣传统，从不以功臣自居，不计较个人得失，不贪图享受，守纪律、讲规矩，生动体现了共产党人应有的道德风范。

共产党人拥有人格力量，才能赢得民心。全党同志都要明大德、守公德、严私德，清清白白做人、干干净净做事，做到克己奉公、以俭修身，永葆清正廉洁的政治本色。

"七一勋章"获得者都来自人民、植根人民，是立足本职、默默奉献的平凡英雄。他们的事迹可学可做，他们的精神可追可及。他们用行动证明，只要坚定理想信念、坚定奋斗意志、坚定恒心韧劲，平常时候看得出来、关键时刻站得出来、危难关头豁得出来，每名党员都能够在民族复兴的伟业中为党和人民建功立业！

同志们！

新时代是需要英雄并一定能够产生英雄的时代。中国共产党要始终成为时代先锋、民族脊梁，党员队伍必须过硬。希望受到表彰的同志珍惜荣誉、发扬成绩，争取更大光荣。各级党组织要从工作和生活上关心爱护功勋党员，大力宣传"七一勋章"获得者的感人事迹和崇高品德，在全党全社会形成崇尚先进、见贤思齐的浓厚氛围，激励广大党员、干部牢记党的性质宗旨，牢记党的初心使命，不懈奋斗，永远奋斗，在全面建设社会主义现代化国家新征程上，向着第二个百年奋斗目标、向着中华民族伟大复兴的中国梦奋勇前进！

（资料来源：中国政府网 www.gov.cn）

【例文2】

张桂梅在"七一勋章"颁授仪式上的发言稿

尊敬的习近平总书记，各位领导，同志们：

  大家好！我叫张桂梅，是一名普通的人民教师。习近平总书记将代表党内最高荣誉的"七一勋章"授予我们29名同志，这份光荣属于奋战在各条战线上的每一名共产党员。请允许我代表今天受到表彰的同志们，感谢党中央对我们的充分肯定，感谢广大党员群众对我们的支持和信任！

  46年前，我从东北到云南支边，成为一名教师。在无数次家访中，看着一个个山区女孩因贫困失学，我心痛到无法呼吸。我体会到，一个受教育的女性，能阻断贫困的代际传递，改变三代人的命运。于是，我决心创办免费女子高中，点亮贫困地区孩子们的梦想。在党的关怀和社会各界支持下，华坪儿童之家、女子高中先后建立，近2 000个女孩考入大学，172个孤儿有了温暖的家。这里特别想说，办学初期，条件艰苦，之所以能够坚持下来，就在于党的精神感召，学校党员向着党旗保证"一定要把女子高中办好"，百折不挠，顽强拼搏。我们始终牢记习近平总书记"教育是国之大计、党之大计"的谆谆教导，坚持为党育人、为国育才，以党建统领教学、以革命传统立校、以红色文化育人，引导学生们感党恩、听党话、跟党走，做党的好女儿。许多学生和我说，上大学后，第一件事就是申请入党，要成为一名光荣的共产党员，沿着革命先烈的足迹，哪里需要就到哪里去。我们在学生心中深埋一颗颗红色的种子，帮她们系好人生第一粒扣子，引着她们做共产主义事业的接班人。学生们远方有灯、脚下有路、眼前有光，在山沟沟里也能看到外面精彩的世界，看到美好的未来。

  有人问我，为什么做这些？其中有我对这片土地的感恩和感情，更多的，则是一名共产党员的初心和使命。小说《红岩》和歌剧《江姐》是我心中的经典，我最爱唱的是《红梅赞》。受革命先烈影响，受党教育多年，我把党的声誉看得很重，把共产党员这个称号看得很重。我们所做的一切，不过是许多共产党员每天正在做的事情，而党和人民却给了我们如此崇高的荣誉。戴着这枚沉甸甸的勋章，我受到莫大的鼓舞。习近平总书记说："征途漫漫，唯有奋斗。"只要还有一口气，我就要站在讲台上，倾尽全力、奉献所有，九死亦无悔！

  党的百年华诞即将到来，衷心祝愿我们伟大的党青春永驻，伟大的祖国繁荣富强，伟大的人民幸福安康。

（张桂梅）

（资料来源：百度百科baidu.com）

三、必备知识

（一）实用文书语言的表述要求

1. 恰当准确

  实用文书同其他文章一样，都是用语言表达作者的主张、见解和意图。但实用文书写作的目的是传达方针、政策，处理各种公务和其他日常事务，交流工作情况，记载工作活动以及个人办理私事，交流思想感情。这就决定了实用文书特别是公文的语言必须用语准确、文字精练，人名、地名、数字、引文都要准确无误，不可模棱两可、含糊其词，不能产生歧义和差错。尤其是传达贯彻党和国家的方针、政策，发布行政法规，签订合同，制作判决书等，必须字斟句酌，连标点符号也要准确无误。

2. 简洁规范

实用文书的语言表达，叙事要直陈其事，明白晓畅；说明要简洁明了，要言不烦；议论要鞭辟入里，切中要害。避免过多使用形容词和比拟、夸张、描写等手法，语言要干净利索，不拖泥带水、画蛇添足。例如："我上午8点有会，下午4点赶回。"留言条的写作一定要简练，不可啰唆，免得产生歧义，让对方误解。如果是面对听众的报告、演说词，就需要语言生动一些，以加强文章的感染力，如解说词是供群众听的，读起来要上口，听起来要顺耳。又因为解说词是对实物和画面进行解说的，所以要用形象的文学语言描绘所解说的事物，感情要充沛，还可综合使用记叙、描写、说明、议论、抒情等多种表达方式。例如："一路上，我们将要看到清澈萦回的流水、苍翠奇特的山峰、陡峭雄伟的石壁、千态万状的石钟乳，尤其是象山水月、穿山塔影、冠岩幽境、秀山彩绘、桃园挂月、杨堤风光、浪石览胜、下龙山资、华山观马、兴平风光、碧莲叠翠等景致，更是令人叫绝。"

实用文语言的规范性是指实用文书要使用通行的、约定俗成的各种惯用语。如公文中请示的结尾部分，在请示事项结束之后，往往用"特此请示""当否，请批复""以上意见如无不妥，请批转××××贯彻执行"等惯用语。公文开头常用"根据""据报""欣悉""关于"等词语；过渡常用"现就×××问题（情况）通知（公告、通告）如下"等；关于数字的运用，除成文时间、结构、层次、序数和词、词组、惯用语、缩略语、具有修辞色彩的词语中作为词素的数字必须使用汉字外，公文中使用数字均要使用阿拉伯数字。

3. 朴实得体

朴实是实用文书不同于其他文章语言的基本风格，这是由实用文书的特点和作用决定的。实用文书以实告人，求实务实，解决实际问题，在笔法上要做到直陈其事；在表达上多用叙述、说明、议论，而少用或不用描写、夸张、烘托、渲染等手法；在遣词造句上使用大众化、易懂和惯用的语词，力避生僻晦涩的字句。得体是指实用文书语言要合乎不同文种的需要，合乎行文关系和行文目的，说什么、用什么语气、选择什么词汇，都要与所写文体以及要达到的效果相符合。如强制性公文中用"必须"，而指示性公文则用"应该"。

（二）实用文书常用的专用语言

实用文书具有独特的专用语言，常见的有以下8类：

1. 开头用语

开头用语用于说明发文缘由，包括意义、根据，或介绍背景材料及情况等。如为、为了；根据、按照、遵照、依照；鉴于、关于、由于；目前、当前；兹（指现在）、兹有、兹将、兹介绍、兹派、兹聘等。

2. 承启用语

承启用语用于连接开头与主体部分，起承上启下的作用。如根据……决定，根据……特通告如下，依据……公告如下；为了……现决定，为……通报如下，现就……问题请示如下；现将……（情况）报告如下，现就……问题提出如下意见，经……批准（同意）将有关事项通知如下；拟采取如下措施；经……研究，答复如下等。

3. 引述用语

引述用语是用于批复或复函引述来文作为依据的用语。如悉（知道）、收悉、电悉、文悉、敬悉、欣悉等。

4. 批转用语

批转用语是用于批转、转发、印发通知时的用语。如批示、阅批、审批、批转、转发、印发等。

5. 称谓用语

称谓用语是对各机关称谓的简称。如我（部）、贵（局）、你（省）、本（部门）、该（处）等。

6. 经办用语

经办用语表明工作处理过程或情况。如经、业经、兹经、未经；拟、拟办、拟定；施行、暂行、试行、可行、执行、参照执行、贯彻执行、研究执行；审定、审议、审发、审批；会议听取了、会议讨论了、会议认为、会议指出、会议强调指出、会议通过了、会议决定、会议希望、会议号召、会议要求、会议恳切呼吁等。

7. 表态用语

表态用语是用于表态的语言。如不同意、原则同意、同意；不可、可办、照办；批准、原则批准等。

8. 结尾用语

（1）用于请示

如当否，请批示；如无不妥，请批转各地执行；妥否，请批复等。

（2）用于函

如请研究函复；盼复；请与复函；不知尊意如何，盼函告；望协助办理，并尽快见复等。

（3）用于报告

如请指正、请审阅等。

（4）用于批复、复函

如此复、特此专复、特函复等。

（5）用于知照性公文

如特此公告等。

四、写作训练

参考答案

请修改下文：

关于授予徐彬程等 15 名同学
"全国见义勇为舍己救人大学生英雄集体"荣誉称号
并追授陈及时、何东旭、方招同学"全国舍己救人优秀大学生"荣誉称号的决定

××××年××月××日，是一个平凡又不平凡的日子。那天，长江依然江浪滚滚，一往无前。一群青春洋溢的大学生，长江大学陈及时、何东旭、方招、徐彬程、李佳隆、龚想涛、张荣波、姜梦淋（女）、黄检（女）、孔璇（女）、昌子琪（女）、万莉莎（女）、贾云芸（女）、李立科、孟亮雨15名同学来到了长江边宝塔湾江段。突然他们看到江中有人求救。大学生们冒着生命危险，跳入长江荆州，救起了两名落入江中的少年。但陈及时、何东旭、方招三名同学不幸被江水吞没，献出了年轻的生命。天地为之悲泣，长江为之哀鸣。

单元三　实用写作的表达方式

1. 了解实用写作与文学创作表达方式的不同；
2. 掌握实用写作常用的表达方式。

能根据不同的文种，选择合适的表达方式。

一、模拟任务

请思考下面两段文字在表达方面有何区别？

通　　知

根据国务院办公厅有关通知精神，今年清明节放假时间为4月3日至5日，共3天。不能停止生产和工作的单位放假办法，由其上级主管部门研究确定。

广东省人民政府办公厅
××××年××月××日

（资料来源：广东省人民政府门户网站 gd.gov.cn）

广州清明习俗

清明节是扫墓祭拜先人的日子，广州人称扫墓为"拜山"或"行清"。广州人极其重视清明节，每逢节前后半个月，人们无论远在何处，都要赶回来为先人扫墓。拜山时，带上烧乳猪、甘蔗、水果、包子、酒、煎堆以及香烛、纸帛等祭品，摆放在坟前，大家一起铲除杂草，打上一方草皮将纸元宝压在墓顶上，然后点烛燃香，对先人行跪拜或鞠躬礼，烧纸钱，放爆竹，最后分食甘蔗，并将吃过的蔗渣丢于坟前，还要将包子掰碎撒于坟前。其中，甘蔗的寓意是"节节高"。

过去，广州人在清明前的四五天，就在家中的祖宗牌位前和门口插上一枝柳枝以避野鬼，广州人称杨柳为"鬼怖木"，清明后一周拔去。

（资料来源：搜狐 sohu.com）

二、例文鉴赏

【例文1】

国务院办公厅关于××××年部分节假日安排的通知

国办发明电〔××××〕45号

各省、自治区、直辖市人民政府，国务院各部委、各直属机构：

根据国务院《关于修改〈全国年节及纪念日放假办法〉的决定》，为便于各地区、各部门及早合理安排节假日旅游、交通运输、生产经营等有关工作，经国务院批准，现将××××年元旦、春节、清明节、劳动节、端午节、中秋节和国庆节放假调休日期的具体安排通知如下：

（一）元旦：2012年1月1日至3日放假调休，共3天。××××年12月31日（星期六）上班。

（二）春节：1月22日至28日放假调休，共7天。1月21日（星期六）、1月29日（星期日）上班。

（三）清明节：4月2日至4日放假调休，共3天。3月31日（星期六）、4月1日（星期日）上班。

（四）劳动节：4月29日至5月1日放假调休，共3天。4月28日（星期六）上班。

（五）端午节：6月22日至24日放假公休，共3天。

（六）中秋节、国庆节：9月30日至10月7日放假调休，共8天。9月29日（星期六）上班。

节假日期间，各地区、各部门要妥善安排好值班和安全、保卫等工作，遇有重大突发事件发生，要按规定及时报告并妥善处置，确保人民群众祥和平安度过节日假期。

国务院办公厅
××××年××月×日

（资料来源：中国政府网 www.gov.cn）

【例文2】

全国防治非典工作情况

在党中央、国务院坚强领导下，全国人民万众一心，众志成城，取得了防治非典型肺炎的阶段性重大胜利，有效地控制了疫情，保持了国民经济较快增长的良好势头。全国防治非典型肺炎指挥部坚决贯彻党中央、国务院的决策和部署，统筹指挥和协调各地区、各有关部门，组织动员社会各方面力量，开展了大量卓有成效的工作，为有效控制疫情发挥了重要作用，作出了应有贡献。

一、基本情况

我国首例非典型肺炎病例于 2002 年 11 月发生在广东省佛山市。2003 年 2 月中下旬疫情在广东局部地区流行。3 月上旬传入山西、北京,开始在华北地区传播和蔓延,并逐步向全国扩散。到 4 月中下旬,疫情波及全国 26 个省、自治区、直辖市。非典型肺炎疫情不仅对人民群众身体健康和生命安全构成严重威胁,也给我国经济和社会发展带来严重冲击。

疫情发生后,党中央、国务院高度重视,以对广大人民群众高度负责的精神,领导全国人民同这场突如其来的疫病灾害展开了艰苦卓绝的斗争。中共中央政治局常委会和政治局多次召开会议听取工作汇报,研究重大问题并作出重大决策和部署,及时向全党和全国发出了坚持"两手抓",齐心协力夺取抗击非典和促进发展"双胜利"的号召。新一届国务院组成后,先后召开 10 多次常务会议,分别于 4 月 13 日和 5 月 6 日召开了全国非典型肺炎防治工作会议、全国农村防治非典型肺炎电视电话会议,全面部署防治工作。党中央、国务院领导同志多次作出重要批示,主持召开专题会议,深入医疗机构、科研单位、学校、机关、工厂、工地、街道、社区和农村考察调研,慰问战斗在防治工作第一线的医护人员、科技人员和广大干部群众,指导非典型肺炎防治工作。

在防治工作关键时刻,党中央、国务院决定,建立以国务院副总理吴仪为总指挥、国务委员兼国务院秘书长华建敏为副总指挥,由 30 多个中央国家机关部门的 160 多位同志组成的全国防治非典型肺炎指挥部,下设 10 个工作组和 1 个办公室。指挥部 4 月 24 日成立后,与各地区、各部门和各方面一道,按照"沉着应对、措施果断,依靠科学、有效防治,加强合作、完善机制"的总体要求,全力以赴开展防治工作。经过坚持不懈地奋斗,逐步有效地控制了疫情。从 5 月中旬开始,全国日发病人数、日死亡人数大幅下降,治愈出院人数大幅上升,疫情趋于平缓。从 6 月初开始,全国日发病人数达到零报告或个位数报告。据卫生部①统计,截至 7 月 31 日,全国内地共有 24 个省、自治区、直辖市报告临床诊断病例 5 327 例,其中,已治愈出院 4 948 例,死亡 349 例(北京 7 例、天津 12 例死于其他疾病的临床诊断病例未统计在内),仅北京有 11 例曾被确诊的患者住院治疗。

实践证明,党中央、国务院采取的一系列方针和政策是及时的、正确的,也是十分有效的;指挥部以及各地区、各部门和各方面贯彻落实党中央、国务院的决策和部署是坚决的、积极的,也是卓有成效的。

二、主要做法

指挥部成立以来,先后协助或组织召开全国农村非典型肺炎防治工作电视电话会议、华北五省区市联防联控联席会议、指挥部工作会议和专题会议近 20 次;研究制定并以指挥部名义下发关于控制人员大范围流动、做好农村防治工作、加强华北地区联防联控、保障医药用品供应、确保交通通畅、维护正常经济社会秩序、规范防治工作、妥善处理有关矛盾和纠纷等方面电文 10 多件,以各工作组名义下发文件近千份;组织 6 批 35 个督查组对全国 31 个省、自治区、直辖市防治工作进行了 2 次督查;承办党中央、国务院领导同志批示近 2 000 件;协调解决地方疫情信息沟通、防治技术指导、医药用品供应、新闻舆论宣传、治安案件处理等大量问题;编辑、报送了各种简报、信息上万份。

1. 加强组织领导,形成统一的指挥协调体系。

---

① 现卫健委。

2. 全力组织救治，努力提高治愈率。

3. 做好物资供应，确保防治工作需要和市场正常秩序。

4. 集中科研力量，开展联合攻关。科技攻关工作立足应急、着眼长远、突出临床实用，按照"整合优势、协同攻关、尊重科学、实事求是"的工作方针，建立"特事特办、急事急办、超常规运作"的工作机制，建立多学科多领域专家组成的科技攻关队伍，投入经费2亿元，先后启动97项应急科研攻关项目。继确定病原体后，又研究提出了临床效果明显的中西医治疗方案，研制出防护效果好的生物防护装备，及时投入临床使用。到目前，已初步掌握了非典型肺炎病毒流行规律和传播机制，初步研制开发出4种特异性诊断试剂盒，初步筛选出5种有效的生物化学药品和8种有效中成药，完成了灭活疫苗前期研究工作。

5. 切实维护正常经济社会秩序。指挥部在开展防治工作过程中，注意及时、准确收集掌握有关情况信息，有效预防、妥善处置群体性事件，及时监控、封堵、删除有关有害信息，严厉打击有关违法犯罪活动，严密防范境内外敌对势力、邪教组织的捣乱和破坏活动。进入防治工作后期，还注意及时研究、妥善处理因防治工作引发的矛盾和纠纷。

……

7. 科学规范防治工作，建立长效防治机制。

指挥部全体同志在工作中服从大局、雷厉风行、科学务实、恪尽职守、团结协作，表现出良好的工作作风和精神风貌，为防治工作作出了应有贡献。各工作组和办公室的具体工作人员也做了大量艰苦细致的工作，其他许多部门的领导和同志也密切配合，给予了大力支持。解放军、武警部队和民兵预备役官兵坚决执行党中央、国务院、中央军委的命令，始终站在抗击非典的第一线，为夺取防治非典型肺炎阶段性重大胜利作出了贡献。（有删节）

（资料来源：中央政府门户网站　www.gov.cn）

三、必备知识

（一）表达方式的定义

表达方式，是行文时对有关内容进行表达时所采用的表述形式与方法。

（二）实用文书常用的表达方式

1. 记叙

记叙是对人物的经历和事物发展变化的过程作出介绍和交代。

如我国首例非典型肺炎病例于2002年11月发生在广东省佛山市。2003年2月中下旬疫情在广东局部地区流行。3月上旬传入山西、北京，开始在华北地区传播和蔓延，并逐步向全国扩散。到4月中下旬，疫情波及全国26个省、自治区、直辖市。（资料来源：中央政府门户网站　www.gov.cn）

2. 说明

说明，就是简明扼要地把事物的形状、性质、特征、成因、关系、功能等解说清楚，把人物的经历、特点等表述明白的一种表达方式。常用的说明方法有以下几种：

1)定义说明

用简明的语言对某一概念的本质特征作规定性的说明叫下定义。下定义能准确揭示事物的本质,是科技说明文常用的方法。

下定义的时候,可以根据说明的目的需要,从不同的角度考虑。有的着重说明特性,如关于"人"的定义;有的着重说明作用,如关于"肥料"的定义;有的既说明特性又说明作用,如关于"统筹方法"和"实用科学"的定义。

① 人是能制造工具并使用工具进行劳动的高级动物。
② 肥料是能供给养分使植物生长的物质。
③ 统筹方法,是一种安排工作进程的数学方法。
④ 工程技术的科学叫作实用科学,它是用自然科学的基础理论来解决生产实践中出现的问题的学问。

无论从什么角度考虑,无论采用什么方式,只要是下定义,就必须揭示事物的本质,只有这样的定义才是科学的。比如,有人说:"人是两足直立的动物。"这个定义就是不科学的,因为它没能揭示事物的本质。"人是能制造工具并使用工具进行劳动的高级动物。"这才是科学的定义,因为它揭示了人的本质。

2)分类说明

如说明书的分类。

说明书各种各样。一般来讲,按所要说明的事物来分,可以分为以下几种:产品说明书、使用说明书、安装说明书等。

(1)产品说明书

产品说明书主要指关于那些日常生产、生活产品的说明书。它主要是对某一产品的所有情况的介绍,诸如其组成材料、性能、存储方式、注意事项、主要用途等的介绍。这类说明书可以是生产消费品的,如电视机;也可以是生活消费品的,如食品、药品等。

(2)使用说明书

使用说明书是向人们介绍具体的关于某产品的使用方法和步骤的说明书。

(3)安装说明书

安装说明书主要介绍如何将一堆分散的产品零件安装成一个可以使用的完整的产品。我们知道,为了运输的方便,许多产品都是拆开分装的。这样用户在购买到产品之后,需要将散装部件合理地安装在一起。这样,在产品的说明书中就需要有一个具体翔实的安装说明书。如"CD-ROM驱动器安装"。

3)举例说明

如在中国历史上,非营利组织有着极为悠久绵延的民间结社和民间公益活动的历史源流及原型。在中国古代,从先秦时代起就有"会党""社会"之说,民间结社在春秋战国时期颇为盛行。后汉出现政治结社——朋党,以及著名的黄巾(会党)起义。宋代在民间出现各种互助性、慈善性的"合会""义仓""义社""善会"等。元朝末年以白莲教为中心发动的红巾起义、自明朝以后绵延不断的各种秘密宗教和会社组织如罗教、大成教、天地会、哥老会等,直至近代的洪帮、青帮,无不构成中国历史上有别于封建政府一统天下的民间社会。

4)比较说明

如雕版印刷一版能印几百部甚至几千部书,对文化的传播起了很大的作用,但是刻板费时费工，大部头的书往往要花费几年的时间，存放版片又要占用很大的地方，而且常会因变形、虫蛀、腐蚀而损坏。印量少而不需要重印的书，版片就成了废物。此外，雕版发现错别字，改起来很困难，常需整块版重新雕刻。

活字制版正好避免了雕版的不足，只要事先准备好足够的单个活字，就可随时拼版，大大地加快了制版时间。活字版印完后，可以拆版，活字可重复使用，且活字比雕版占有的空间小，容易存储和保管。这样活字的优越性就表现出来了。活字印刷术不仅能够节约大量的人力物力，而且可以大大提高印刷的速度和质量，比雕版印刷要优越得多。（资料来源：活字印刷小知识 ys137.com）

3. 议论

议论就是说理和评判，就是作者通过事实材料及逻辑推理来明辨是非、阐发道理、表明见解的一种表达方法。议论的结构一般来说是由论点、论据和论证三个要素构成的。常见的论证方法有以下几种：

（1）归纳法

即根据一些个别事物的分析与研究，推导出一般结论的论证方法。

（2）例证法

即用具体实例或统计数字来证明论点的方法。

（3）类比法

即用同类事物进行比较，从而由此及彼，自然地得出新的结论的论证方法。

（4）引证法

即引用经典作家的言论、科学原理、人尽皆知的常理等作为论据来直接证明论点的论证方法。

（5）对比法

即把两种截然相反的事物加以对照、比较，从而推导出它们之间的差异点，使结论映衬而出的论证方法。

（6）反证法

即通过证明与自己的论点相反的论点是错误的，从而证明自己的论点正确性的论证方法。

（7）喻证法

即通过打比方讲道理来论证论点的方法。

（8）归谬法

即首先假设对方的论点是正确的，然后从这一论点中加以引申、推论，从而得出极其荒谬可笑的结论来，以驳倒对方论点的一种论证方法。

（9）因果法

即分析事物的前因后果，并以此证明论点的方法。

记叙、说明和议论是实用文书常见的三种表达方式，在写作中单一运用某一种方式的不多，往往是以某一种表达方法为主，结合运用其他方式。

四、写作训练

请以"国庆"或"国际劳动节"为材料,分别拟写一篇节日通讯和放假通知。

参考答案

 拓展例文

拓展例文

模块二 信函类文书

单元一　求职信

学习目标

1. 掌握求职信的规范格式；
2. 梳理个人的求职目标、特点特长，了解目标岗位的工作需求；
3. 学习撰写求职信并制作简历。

预期成果

根据个人实际情况，拟写出格式规范、条理通顺、内容精炼、重点突出的求职信。

一、模拟任务

白云电气集团有限公司计划于下周一到校进行宣讲及面试工作，请有意向参加面试的同学准备好求职信和个人简历等相关个人资料。

二、例文鉴赏

【例文】

求 职 信

尊敬的领导：
　　您好！
　　从广州铁路职业技术学院（以下简称广州铁职院）招生就业处发布的招聘通知得悉，贵公司正在招聘初级维修工，本人特此应聘此职。
　　我是电气工程学院2021届电气自动化专业的毕业生。在校期间，我系统学习了电气铁道供电的专业知识，学习成绩优秀，多次获得学院奖学金；我连续两年参加了学院春运社会实践暨志愿服务，还多次作为家电义务维修协会的成员参加社区义务维修活动；专业实操和实训课锻炼了我的动手能力，顶岗实习让我积累了一定的工作经验。

　　我担任过班里的学习委员、院学生会学习部干部、家电义务维修协会副会长等职，工作中能够认真负责地完成每一项任务。通过担任学生干部、组织活动，锻炼了我的组织能力、协调能力和沟通能力，我学会了思考，培养了积极解决问题的心态。我也不断学习和掌握新技能，在社团活动中学习了拍照、PS技术、文案撰写和策划等。

　　我深知目前我的能力还略显稚嫩，但我愿意为贵单位的发展贡献自己的力量，请给我一个机会，我会用自己的努力和实力来证明您的选择。感谢您的阅读！

　　此致

敬礼！

求职人：×××
2021 年 1 月 5 日

三、必备知识

（一）求职信的适用范围

　　求职时，简历不能单独发出，必须附有信件，即求职信。求职信是写信人向收信人或单位表达个人强烈求职意愿的信函，适用于想要就业或转新岗位的人向用人单位申请。

　　简历主要通过表格的方式展示求职者的基本情况、专业特长等。而求职信要更集中突出个人的特征与求职意向，引起招聘人员的注意，争取面试机会。

（二）求职信的特点

1. 求职信要有针对性

　　写求职信是为了获得一份工作，那就要对所应聘单位和岗位有所了解，要对自己在这个工作岗位上的优势和长处有所了解，要针对实际情况写，针对求职目标写，还要针对读信人的心理写。否则，求职信可能会因为泛泛而谈、内容针对性不强而湮没在海量求职信中。

2. 求职信要突出特点

　　求职信要力求具有个性特点。在个人能力方面，要突出自身特长，展示自己与众不同之处；在语言表达和行文上，也要精心酝酿，展示个人文采和魅力。

（三）求职信的写作

在写作求职信时，文字一定要简洁，整篇行文不要太长，内容一般由以下几个部分组成：

1. 写信动机

表述所申请职位和招聘信息的来源，表述自己对职位的浓厚兴趣。

2. 自我介绍

简要介绍一下个人的基本情况。

3. 个人能力

通过介绍自己与申请职位有关的资历和专长、成绩等，说明自己适合这个职位的原因。

4. 结尾

表达自己能够胜任此项工作的信心，并请求对方做进一步的回应。

5. 附件

提醒收信人留意你附呈的资料，如个人简历、成绩单、奖状复印件、社会实践证明等相关材料。

四、写作训练

请你根据自己的求职意向给理想中的单位人事部写一封求职信，并制作好个人简历。

参考答案

单元二　求职简历

1. 掌握求职简历的规范格式；
2. 掌握求职简历的写作技巧。

能根据工作需要，拟写出内容准确、格式规范、措辞得体、诉求明确、重点突出的求职简历。

一、模拟任务

广州铁路集团公司来校招聘铁道信号、机车司机专业的毕业生。面试时要求提交一封求职简历。请问你该怎么设计自己的简历？是否需要根据求职岗位分别设计不同的个人简历？

二、例文鉴赏

【例文】

求 职 简 历

（一）基本资料

姓名：×××
性别：女
学历：大专
政治面貌：群众
生日：2000-04-29
民族：汉族

婚姻状况：未婚
籍贯：河南－新乡市
身高：160 cm
体重：45 kg
专业：工商管理
工作经验：5 年
期望工作地点：广州市

（二）求职意向

1. 行业/职位一

行政/后勤：行政专员、助理
期望月薪：3 000 元
工作性质：全职

2. 行业/职位二

人力资源/管理：人事专员、助理
期望月薪：3 000 元
工作性质：全职

（三）教育经历

学校名称：广州铁路职业技术学院
专业：工商管理
就读时间：2018 年 7 月 1 日至 2011 年 7 月 1 日
获得学历：大专

（四）工作经历

公司名称：××× ×××
工作时间：2021 年 12 月 1 日至 2022 年 8 月 1 日
公司规模：200 人
所在部门：市场部
工作分类：计算机/IT 行业销售助理
职位月薪：保密

（五）自我评价

从事工作已有五年的时间，工作时经历了由前台—售后—客服—行政—销售助理等职位，拥有全方面的文职工作经验，具有较强的与人沟通能力，是一个认真、细心、有责任心的人。真心期待加入更稳定的工作平台共同发展！

三、必备知识

（一）个人简历的概念和性质

个人简历，也称个人履历，是求职者在求职应聘时向用人单位提供个人情况的不可缺少的常见应用文体。它是对求职者的背景、优点、成就和有关个人材料进行的简洁概述，是求职者与用人单位的人事部门领导甚至高级领导沟通的一种手段。对初出校门的学生来说，简历事关第一份工作。简历就是个人广告，别人买不买你的账，就从你的简历开始。它是"一扇窗"，向人们展示你丰富多彩的人生历程。简历既是一种介绍，又是对自己成长历程的一次整理，所以求职者要把自我完整的形象立体地展现出来。

（二）求职信与个人简历的区别

求职信是商业信函，就如同向客户发出的合作邀请一样，要求规范、专业，吸引别人去看后边的简历以获得更多的信息。

个人简历属于推销个人的广告文稿，就像产品介绍一样，要能激起"客户"的购买欲望，说服招聘方给予面试的机会。

求职信来源于简历，又高于简历，是简历的综合介绍，是简历的补充说明和深入扩展，可用于强调补充。比如在简历中介绍自己有吃苦耐劳的精神和团队精神，在求职信中就可以通过具体的事例进行有针对性的说明。

（三）求职简历的主要组成

个人简历一般由八个部分组成，即标题、个人基本信息、学习经历、工作实践经历、求职意向、所获得的各种奖励和荣誉、联系方式、证明材料。

1. 标题

可以直接写"简历"或"求职简历"，也可以在简历之前冠以姓名。

2. 个人基本信息

指对个人的基本情况作简要介绍，包括姓名、年龄（出生年月）、性别、籍贯、民族、学历、学位、学校、专业、身高、毕业时间、政治面貌、职务、职称等。一般来说，一项内容要素用一两个关键词简明扼要地概括说明一下就可以了。这一部分放在前面，便于用人单位迅速了解你。

3. 学习经历

学习经历是介绍求职人的受教育程度，如毕业的学校、专业和时间。可按时间顺序来写自己的学习过程，主要以大学的学习经历为主。列出大学阶段的主修、辅修及选修课的科目和成绩，尤其要体现与所谋求的职位有关的教育科目、专业知识。

4. 工作实践经历

工作实践经历是最重要的部分。初出校门的大学生，工作实践经历可以改为社会实践和实习经历，包括在学校、班级所担任的社会工作、职务、勤工助学、校园及课外活动、义务工作、参加的各种团体组织、兼职工作经验、培训、实习经历和实习单位的评价、专业认证、兴趣特长等。已出校门的大学生，主要写参加工作之后各阶段的情况，要注意突出主要才能、贡献、成果以及学习、工作、生活中有典型意义的事迹等，突出自己在原先岗位上的业绩也是非常重要的，得过哪些奖项及必要的技能水平，这些要注明时间、地点、相关名称。这部分内容要写得详细些，通过这些，用人单位可以考察求职者的团队精神、组织协调能力等。

5. 求职意向

求职意向正是用人单位所急需的，要写得一目了然。主要表明本人对哪些岗位、行业感兴趣及相关要求。要表明自己应征的职位，说明自己具备哪些资格和技能，想找什么样的工作。要突出重点，有针对性。使自己的学历、知识结构让用人单位感到与其招聘条件相吻合。

6. 所获得的各种奖励和荣誉

所获得的各种奖励和荣誉这部分包括在上学期间获得的奖励和获得的承认、在出版物上发表的论文、发表的演讲、社团成员资格、计算机技能、专利权、语言技能、许可证书和资格证书等，个人兴趣爱好也可以列上两三项，让用人单位了解求职者的工作、生活情况。

7. 联系方式

最好把固话、手机、QQ 和微信都留下。

8. 证明材料

简历的最后一部分一般是列举有关的证明人及有关的附加性参考材料。附加性材料包括学历证明、自己的成绩单、实践成果、获奖证书、专业技术职务证书、专家教授推荐信、所发表的论文著作等。证明人，一般提供 3～5 个，是对你求职资格、工作能力和个人情况的保证人。因此一般选择在校期间、以前工作单位或所参加社团中比较熟悉且又知名的人。一般不要选择自己的父母或亲戚。请别人作证明人，事先应征得选取对象的同意。在证明人栏目中要详细地说明证明人的姓名、职务、工作单位及联系方式。后面附上证书复印件。

总之，个人简历的写法比较灵活，无论采用哪种形式，都要突出个性、富有创意，向用人单位展示自己，达到成功推介自己的目的。

（四）简历的写作技巧

1. 突出专业和个性

文无定法，写简历没有绝对格式，但一定要把自己的经验技术和优点表现出来，在最短的时间内吸引用人单位。可以从封面、字体、版面、色彩、图像等方面进行设计，突出专业特点和个人特色。

2. 针对企业和岗位

如一个人应聘广告公司，就详写在某广告公司的兼职经历，因应聘的是创意部，在简历中还配上了自己画的封面。而投给媒体行业的简历，则附上了在某报实习的成果，为了方便阅读，打印了一份目录，将复印的成果放在后面。应聘对英语要求很高的外企，则附上一页流畅的英文简历。负责招聘的人员，每天要看上百份应聘信。一般来说，用人单位总是关注与之相关的知识背景和实践经历，这是简历吸引招聘者注意的关键。简历，形式可简，但内容不能简。

3. 强调个人优势

每个人都有自己值得骄傲的经历和技能，如有演讲才能，并得过大奖；又如有创新意识，曾获得××发明奖，这些应详尽描述，要突出自己的优势，这样才会有助于应聘某些职位。

相关的特长与技能（一般为3~4项）是简历的重点。用案例和数字说明个人优势，不要只写善于沟通或富有团队精神，应举例说明曾经如何说服别人，如何与一个和自己意见不同的人成功合作，这样才有说服力，并给人留下深刻的印象。

四、写作训练

1. 在填写求职简历中"个人特长"栏目时，小刘写了：长跑。对此，你有什么更好的建议？

2. 在填写求职简历中"求职意向"栏目时，小刘写了：机车司机。对此，你有什么更好的建议？

参考答案

单元三　贺信（电）

学习目标

掌握贺信（电）的写作格式。

预期成果

能够在实际中正确运用贺信（电）向个人或单位表示祝贺之意。

一、模拟任务

2021年5月，××公司将迎来公司创建60周年华诞，请以你所在单位的名义向该公司写一封贺信。

二、例文鉴赏

【例文】

贺　　信

××公司：

　　欣闻贵公司喜逢60周年华诞，我单位谨向贵公司全体员工致以热烈的祝贺和诚挚的问候！

　　薪火相传，弦歌不辍。贵公司创建60年来，始终与国家、民族和人民名义紧密相连，深深扎根闽西客家红土地做实业，大力弘扬苏区精神和客家精神，与时俱进，开拓创新，积淀形成了"厚于德、敏于学"的公司精神和"根植红土、致力应用、彰显特色、服务发展"的公司理念，为龙岩、福建乃至国家经济社会发展作出了积极的贡献。

　　不忘初心、牢记使命。贵公司创建60周年是一个重要的里程碑，祝愿贵公司以习近平新时代中国特色社会主义思想和党的十九大精神为指导，站在新时代，把握新方位，踏上新征程，全面深化改革，为建设新福建和实现中国梦作出新的更大的贡献。

××单位
2021年××月××日

三、必备知识

（一）贺信（电）的适用范围

贺信是向某人或者某事表示祝贺的信，贺电是向某人或某事表示祝贺的电报。贺信（电）不同于一般的信函和电报，一般是某人或某单位或某国家有了喜庆之事，一方向对方表示祝贺的礼仪文书。贺信（电）是社交活动中重要的礼仪应用文，也是增进友谊的重要表达方式。

（二）贺信（电）的分类

贺信（电）按照不同的标准有不同的分类。

1. 按照贺信（电）的性质划分

按照贺信（电）的性质划分，有用于重要活动或会议的贺信（电）（如前文模拟任务中用于祝贺公司周年庆活动的贺信）、有用于重大成就的贺信（电）、有用于重要任职的贺信（电）等。

【例文1】

贺　　电

武汉卓尔职业足球俱乐部：

欣闻俱乐部在2020年中超联赛中保级成功，再一次点燃了城市激情，为武汉足球的振兴与发展作出了重要的贡献。我谨代表武汉市人民政府向俱乐部及全体运动员、教练员和工作人员，致以热烈的祝贺和亲切的问候！

今年，武汉卓尔职业足球俱乐部努力克服新冠疫情带来的无法系统训练、赛事重大变化、队员伤病困扰等重重困难，在强手如林的中超赛季里，全队上下顽强拼搏、团结协作，再次展示了英雄城市、英雄人民的新风采，鼓舞了全体市民的士气，坚定了全市夺取疫情防控和经济社会发展"双胜利"的信心。

希望你们以此为新起点，砥砺前行、再接再厉、再创辉煌，为深化武汉市足球改革、推动足球事业发展、加快建设体育之城作出新的更大的贡献！

预祝你们在2021年中超联赛中再创佳绩，为武汉再立新功！

武汉市人民政府
2020年11月22日

（资料来源：武汉市人民政府门户网站 wuhan.gov.cn）

【例文2】

贺　　信

尊敬的孟伟院士：

欣闻您增选为中国工程院环境与轻纺工程学部院士，我们谨代表中国海洋大学全体师生和校友向您致以最热烈的祝贺！

作为我国著名的环境学家，您在近岸海域环境保护科学研究、流域与河口海岸带水环境与生态保护科学研究等领域作出了比较系统深入的创新性成果，是中国海洋大学校友的杰出代表，母校为您而自豪！

多年来，您作为中国海洋大学的兼职教授，关心支持学校事业发展，密切加强中国环境科学研究院与学校的合作与交流。我们衷心期望同贵院进一步拓展合作领域，提高合作层次，促进共同发展。

再一次向您表示祝贺！

祝愿您身体健康，工作顺利，一切如意！

中国海洋大学
2009 年 12 月 3 日

2. 按照贺信（电）行文走向划分

按照贺信（电）行文走向划分，有上级单位给下级单位或所属职工群众的贺信（电）、有同级单位之间的贺信（电）、有下级单位给上级单位的贺信（电），还有国家之间/政党之间的贺信（电）。

（三）贺信（电）的写作

1. 标题

一般写"贺信""贺电"，有时在"贺信"或"贺电"之前，加上祝贺人和被祝贺人，或写明被祝贺的事由，如《中国海洋大学贺信：祝贺孟伟教授当选中国工程院院士》。

2. 称谓

称呼接受贺信（电）的单位名称或个人姓名。如果是写给个人的，应该在姓名后加上"同志""先生""女士"等，或者称呼其职务，以示礼貌和尊重。

3. 正文

正文内容应包括以下几个方面：

① 简述对方所取得的成绩、社会背景，或召开会议的历史条件，或祝贺的事由。常用"向你们表示热烈祝贺"等祝贺词作为过渡，引起下文。

② 概括说明对方的工作成绩，或者是会议的意义、事件的重要性。若是寿辰贺信，就要以精练的语言叙述对方的品德或贡献。这部分是贺信（电）的实质内容。

③ 表达祝贺者的决心或希望要求。

④ 以热情的语言再次表示祝贺，如"祝活动/大会取得圆满成功""祝您健康长寿"等。

4. 结束语

有的贺信（电）结尾会写"此致敬礼"等话语，有的则可不写结语。

5. 落款

写明致信（电）单位的名称或个人姓名，以及致信日期。

6. 注意事项

（1）要明确祝贺的目的对象

在明确行文对象后，要熟悉并掌握被祝贺方各方面的情况，如会议的性质内容、工作成就、任职人员的履历等，以便准确措辞行文。

（2）行文内容要言之有物

在准确行文的基础上，要以褒扬祝颂为主，充分叙写成绩、贡献、优点、意义等，要实事求是，切忌言过其实或陈词滥调。

（3）语言要通俗易懂

语言要通俗易懂，简洁明快，篇幅不宜过长。

（4）要注意及时发送贺信（电）

要注意及时发送贺信（电），以免时过境迁，失去了其意义。

四、写作训练

××中学在今年的高考中，向各大高校输送了多名优秀学子，希望你以广州××大学的名义向××中学写一封贺信表示祝贺。

参考答案

单元四　慰问信

学习目标

掌握慰问信的写作格式。

预期成果

能够根据实际正确运用慰问信向个人或单位表示慰问之意。

一、模拟任务

3月8日，妇女节即将来临，请以学校工会的名义向全体女性教职员工发出一份慰问信。

二、例文鉴赏

【例文】

节日慰问信

亲爱的女教职工们：

　　大家好！

　　庚子早春，清风徐来。值此第110个"三八"国际劳动妇女节来临之际，学院领导向全院女教职工致以节日美好的祝愿和诚挚的问候！向为学院发展默默奉献的女同胞们，特别是辛勤工作在网络课程一线的女教师，致以节日的问候、崇高的敬意和良好的祝愿！

　　今年以来，一场突如其来的疫情阻断了您的返岗之路。疫情虽然阻隔了大家相见，却阻隔不了我们的爱心。学院工会时刻为广大女职工提供来自广州铁职院"娘家人"的坚强支撑和人文关怀。您和家人的身体健康我们时刻牵挂，您的焦虑担心我们感同身受。目前正值复工复产和疫情防控重要时期，请您千万不能放松警惕，继续坚持做好防控工作。继续做好个人防护，戴口罩、勤洗手、常清洁、多运动，不串门、不扎堆、不聚餐，密切关注政府防控指引，不信谣、不传谣，配合学校落实群防群控措施，如实报告个人健康状况。打赢疫情防

控阻击战，请您相信，有伟大的党、强大的祖国和英雄的人民，战疫必胜！

亲爱的女同事们，阳春三月，风光正好；抗击疫情，我们必胜！我们期待疫情早日结束，期盼大家平安归队！祝愿大家节日快乐，阖家安康！

学院工会
2020 年 3 月 8 日

三、必备知识

（一）慰问信的适用范围

慰问信是社会组织在重大节日或遇到特殊情况（如发生严重自然灾害等情况）时，为有关人员和地区表达安慰、关心、鼓励的信函。

慰问信是一种社交礼仪应用文体，不涉及日常生活事务，也不反映私人之间的友谊情感，常常是社会组织或组织的领导人处于公共关系工作的需要，礼节性地慰问有关组织或人员，向他们传递关怀、友爱和温暖，借此达到鼓舞斗志、增强团结、激励前进的目的。

慰问信使用范围较广，组织与组织之间、组织与集体之间、国家与国家之间都可以致以慰问。

（二）慰问信的种类

1. 按慰问对象范围分

按慰问对象范围分，有写给在工作中作出成绩和贡献的个人或集体的慰问信，有写给受灾地区及受灾群众的慰问信，有在重大节日慰问特定对象的慰问信。

2. 按照行文方向分

按照行文方向分，有上级机关给下属单位及人民群众的慰问信，有地区、机关企业之间的慰问信，还有国家之间的慰问信。

【例文 1】

立功慰问信

奋战在防汛抗灾一线的人民解放军指战员、武警部队官兵、公安消防战士、民兵预备役人员、新闻工作者和广大干部群众：

在党中央、国务院的坚强领导下，按照省委、省政府部署，全省各级党政军民 300 多万人奔赴抗洪抢险第一线，迎战我省历年 6 月历时最长、范围最广、雨量最多、强度最大的强降雨，抗击湘江全线、资江中下游、沅江全线及洞庭湖区的超历史最大降雨量、超历史最高水位的特大洪水，取得了阶段性胜利。

灾情就是命令，险情就是责任。在抗洪抢险战斗中，广大党员干部以保护人民群众生命安全为首要任务，挡在险前，冲在一线，以实际行动诠释了忠诚与担当；各地人民群众众志成城、守望相助，充分展现了湖南人民不怕困难、团结奋战的大无畏精神；广大解放军指战员、武警部队官兵、公安消防战士、民兵预备役人员以对人民极端负责的精神，担当重任，搏风斗浪，御灾抢险，发挥了中流砥柱作用。广大新闻工作者始终坚守职责使命，闻险而动、向水而行，传递了正能量，塑造了湖南军民同心同德、同心同向的伟大抗洪形象。

在此，特向大家表示亲切的慰问，并致以崇高的敬意！

当前，我省防汛抗灾工作还处在关键时刻。我们要坚决贯彻习近平总书记系列重要讲话精神，按照省委、省政府部署，不松劲、不懈怠，做到全省一盘棋、上下一条心，全力以赴、众志成城，夺取防汛抗灾最终胜利。

××省防汛抗旱指挥部
2020 年 7 月 4 日

【例文2】

××省委 ××省政府致全省扶贫工作者及家属的慰问信

全省扶贫工作者及家属：

正当脱贫攻坚收官之战最后冲刺的紧要关头，我们迎来了第七个"10·17"国家扶贫日。在此，××省委、××省人民政府代表全省人民，向辛勤奋战在脱贫攻坚各条战线上的扶贫工作者，以及在后方鼎力支持的广大扶贫工作者家属，致以诚挚的问候和亲切的慰问！

2020 年是具有里程碑意义的一年，我们将决战脱贫攻坚、决胜全面建成小康社会，兑现对全省人民的庄严承诺。2020 年是极不平凡的一年，如期实现脱贫攻坚目标任务本来就有许多硬骨头要啃，又叠加遭遇新冠肺炎疫情突袭和鄱阳湖超历史大洪水双重严峻挑战。非凡之年行非凡之举。全省扶贫工作者深入学习贯彻习近平总书记关于扶贫工作的重要论述，时刻牢记习近平总书记寄予江西"作示范、勇争先"目标定位和"五个推进"的重要要求，传承红色基因，践行初心使命，以咬定青山不放松、越是艰险越向前的大无畏气概，统筹打好战疫、抗灾、斗贫"三场硬仗"，向历史性解决××老区绝对贫困问题发起了全面总攻。正是因为全省扶贫工作者勤力同心、众志成城、攻坚克难、担当实干，全省剩余 7 个贫困县顺利摘帽，取得了 25 个贫困县全部摘帽、3 058 个贫困村全部退出、贫困群众"两不愁三保障"和区域性贫困问题总体解决的决定性成就，再获国家脱贫攻坚成效考核评价"好"等次。

值得特别"点赞"的是，在脱贫攻坚时代大决战的后方，广大扶贫工作者家属扛起了家庭重担，鼎力支持着丈夫、妻子、儿女在脱贫攻坚战场冲锋陷阵。贫困群众的"幸福指数"也饱含了扶贫工作者家属的"辛苦指数"，你们以无私奉献的家国情怀，书写了舍小家为大家、舍小我成大我的时代风采。

决战脱贫攻坚，胜利在即。全省上下要坚持以习近平新时代中国特色社会主义思想为指导，全面贯彻落实习近平总书记关于决战决胜脱贫攻坚重要讲话精神，遵照习近平总书记的重要要求，感恩奋进，咬定目标，全力冲刺，坚决打赢战胜疫情灾情风险"阻击战"、全面完成脱贫任务"歼灭战"、聚力攻克重点堡垒"强攻战"、深入推进减贫工作"接续战"，如期交出一份质量高、成色足、可持续的脱贫攻坚圆满收官时代答卷，确保革命老区与全国同步全面建成小康社会。

祝全省扶贫工作者及家属身体健康、工作顺利、生活幸福！

中共××省委
××省人民政府
2020 年 10 月 17 日

（三）慰问信的写作

慰问信由标题、称谓、正文、落款（包括署名和日期）四部分构成。

1. 标题

可用"慰问信"为题，也可在"慰问信"前面加上致信的组织名称或个人姓名、受信的单位名称，如《××省委 ××省人民政府致全省扶贫工作者及家属的慰问信》。

2. 称谓

称呼被慰问的单位或个人，如《××省委 ××省政府致全省扶贫工作者及家属的慰问信》的称谓是"全省扶贫工作者及家属"。

3. 正文

不同类型的慰问信，虽然内容不同，但一般都包括开头、主体、结尾三个层次。

开头部分主要说明写信的背景和原因，如用"正当脱贫攻坚收官之战最后冲刺的紧要关头，我们迎来了第七个'10·17'国家扶贫日"点明慰问信发出的时间背景，接着写"向……致以诚挚的问候或亲切的慰问"。

主体部分要概括地叙述受信方的先进事迹、先进思想、工作成绩等，或者写他们在战胜自然灾害中所表现出来的英勇奋斗的革命精神，并对此作出必要的评价或总结。

结尾部分表示希望和祝愿，鼓舞受信方克服困难，继续前进，如果是节日慰问信，则以祝福语结束，如"祝大家节日快乐，阖家安康！"等。

4. 落款

落款为发信的组织、单位名称及年、月、日。

（四）注意事项

1. 明确慰问目的

明确慰问目的，有利于合理安排结构，确定主题和内容。

2. 熟悉慰问对象的有关情况

不管哪一类型的慰问信，都要对慰问对象的工作成绩、所作贡献、先进事迹或者受灾情况等有一定的掌握，在写作中才能合理运用这些材料，以便内容充实，避免东拼西凑、泛泛而谈。

3. 慰问信表达要真诚

要在合适的场合和合适的时机发布，才能使受信方切实感受到亲切关怀，精神上受到鼓舞。

四、写作训练

近期以来，全国南方地区多地发生了严重的洪涝灾害，构成了严重灾情。经认真核查，我校有部分同学来自南方洪涝重灾区，他们以及他们的家庭遭受了财产的损失。请以学校的名义给受灾的同学及家属写一份慰问信。

参考答案

单元五　感谢信

学习目标

1. 掌握感谢信的规范格式；
2. 学习撰写感谢信的方法。

预期成果

能够正确用信函的格式，用充满感情的语言表达对某人某事的感激之情。

一、模拟任务

请以一名受资助的大学生的名义，给学校写一封感谢信。

二、例文鉴赏

【例文1】

感 谢 信

尊敬的校领导、老师：

　　你们好！首先，我很荣幸获得助学金，内心的感激无法用言语来形容。我要郑重道一声"谢谢"，感谢党和国家给予贫困学生的这项优惠助学政策，感谢党和国家对我们贫困大学生的支持和关爱。

　　我是××学院的一名大二学生，来自农村一个经济困难家庭。我深知父母工作的艰辛，所以我从不让父母担心，在家会帮父母做一些家务活，在学校也会好好照顾自己，参加一些勤工俭学的工作，从来不乱花钱。这个家，虽然经济条件不富裕，但是我的父母教会我谦和、包容、勤劳，他们尽最大的努力支持我读书，我感受到了他们浓浓的爱。

　　幸运的是，党和国家非常关心青年学生的成长，为优秀的大学生和家庭经济困难的大学生提供了奖励和资助政策。这为家庭经济困难的大学生扫清了在学习知识、创造人生的道路

上的障碍。我对此深有体会。

获得了国家的资助，不仅帮忙解决了学子们平日的生活问题，能够让学子们不再整日忧心学费生活费，还能让学子们更专注于学习，提升日常幸福感和自信心。老师和同学也给了我很多帮助，我逐渐融入了班级和学校这个大家庭，伴随着学习成绩的提高，我也越来越自信了，生活充满了激情和活力。我积极参加和策划社团组织的活动，也参与了春运志愿服务，懂得了与乘客积极沟通交流的方法，增强了自身的交际能力和组织能力。

有了助学金，我前行的步子迈得更踏实稳当了，我的心灵不再惶恐与无助。我要怀着一颗感恩的心，学好专业、锤炼技术、成为人才，用我的实际行动去表达我的感激，将来用自己的真本领、自己的青春与热血来报效祖国和回馈社会。

再次感谢校领导、老师和同学给予我的肯定，感谢父母对我学业的支持，感谢党和国家对贫困生的关怀！

此致

敬礼！

××学院学生：×××
2021 年 3 月 2 日

【例文 2】

致全市奋战在新冠肺炎疫情防控一线全体医务工作者及家属的感谢信

全市广大一线医务工作者及家属：

大家辛苦了！

面对突如其来的新冠肺炎疫情，全市医务工作者不忘初心，勇担使命，夜以继日地奋战在抗击疫情第一线，构筑了一道道美丽的风景线，谱写了一曲曲感人肺腑的生命赞歌。

疫情就是命令，防控就是责任。你们肩负着党和人民的重托，义无反顾地投身抗击疫情的主战场，充分彰显了医者仁心、大爱无疆的崇高精神，极大提振了全市抗击疫情的信心，让人民群众看到了必胜的希望。在全市抗击新冠肺炎疫情的关键时期，市委、市政府向广大奋战在疫情防控一线的全体医务工作者致以亲切的问候和崇高的敬意！

疫情防控是一场保卫人民群众生命安全和身体健康的严峻斗争，广大医务工作者舍小家为大家，始终奋战在全市抗疫一线，医务工作者家属以"顾全大局、鼎力支持、默默奉献、牺牲小我"的崇高精神，毅然扛起家庭重担，筑起坚强后盾，用执着的坚守、充分的理解和莫大的鼓励，激励医务人员冲锋陷阵，你们同样是最可敬可爱的人。在此，市委、市政府向你们致以诚挚的慰问和深深的谢意。

英雄的城市，英雄的人民，与春天同在，与胜利同行！我们要深入贯彻习近平总书记关于疫情防控工作重要讲话重要指示精神，全面落实省委、省政府"一精准三确保"要求，众志成城、精准发力、咬紧牙关、一鼓作气，坚决打好打赢疫情防控阻击战、歼灭战、保卫战。

寒冬终将过去，春天正向我们走来。值此新春佳节即将到来之际，衷心祝愿全市广大一线医务工作者及家属阖家幸福、健康平安！

中共××市委
××市人民政府
2021 年 1 月 31 日

三、必备知识

（一）感谢信的概念

感谢信是指单位或者个人在某事中获得对方的援助时，用来表达感谢之情的信函。使用感谢信这种文书，一方面是向对方表达感谢，另一方面是向全社会宣传对方的优秀事迹。感谢信可以直接寄送给对方，也可以张贴在公共宣传栏，还可以通过报刊、电台、电视台、网络等媒体平台发布。

（二）感谢信的种类

1. 按照感谢的对象来分

按照感谢的对象来分，有写给集体的感谢信，一般是获得了某一个单位的帮助、关心和支持，用来向对方单位表达感激之情；还有写给个人的感谢信，可以是个人也可以是集体为了感谢某个人给予的帮助而写的。

2. 按照感谢信的发布形式来分

按照感谢信的发布形式来分，有直接寄给单位、集体或个人的感谢信，也有公开发布的感谢信，一般在公共媒体平台上发布或在社会宣传平台上张贴。

（三）感谢信的写作

1. 标题
标题就写"感谢信"或"××××感谢信"。

2. 称呼
被感谢者的名称，可以是单位名称，也可以是个人姓名。

3. 正文
简单描述感谢的事项或内容，说明感谢原因，表达感谢之情。

4. 落款
感谢者的单位名称或个人姓名和成文日期。

四、写作训练

一名乘客赵××在地铁上突发身体不适，在乘务员李××和王××的帮助下，在站台休息后送医院检查，直至身体恢复，现已出院，身体并无大碍。请以这名乘客赵××的身份，写一封感谢信给地铁公司。

参考答案

单元六　邀请函

1. 学习邀请函的书写格式和用语特点；
2. 区分邀请函和通知的不同。

能够拟写格式规范、语言得体、情感真挚的邀请函。

一、模拟任务

学校拟于5月份召开"中国民俗学关键词"学术研讨会，请给民俗学专家、嘉宾等发出一份邀请函。

二、例文鉴赏

【例文】

"中国民俗学关键词"学术研讨会
邀请函

_____先生/女士：

为了更好地推进"中国民俗学关键词"学术研究，深化"一流学科建设"中的民俗学专业的内涵建设，加快和繁荣中国哲学社会科学，××大学民俗学学科特举办"中国民俗学关键词学术研讨会"。会议具体事项如下：

会议主题：中国民俗学关键词

会议时间：2021年11月24—25日（24日为外地学者报到时间）

外地会议代表报到地点：××大学西门西200米中协宾馆

会议地点：××大学

会议论文：以论文形式参会，参会代表撰写一个民俗学关键词文章或提供关键词论文摘要，于 11 月 20 日前提交。会议论文字数不限。
参会代表费用：
1. 为会议特邀代表提供往返差旅费；
2 会议代表餐费由会议方提供。
会议联系人：
×××电话：18811307076
×××电话：13011820497
论文提交邮箱：676224222@qq.com

××大学文传学院
××大学民社学院
2021 年 10 月 23 日

三、必备知识

1. 邀请函的适用范围

邀请函是用于邀请他人参加某项活动或会议的信函。邀请函与通知书不同，在日常交际中带有礼仪性质，重在邀请和约定。

邀请函既能以组织单位的名义发出，也能以个人名义发出。以组织单位名义发邀请函，一般用于邀请有关单位或人员参加重要活动、会议、比赛等。

【例文 1】

请　　柬

为迎接 2021 年新年，谨定于 2020 年 12 月 9 日（星期五）晚 6:30 在××宾馆×××苑举行新年招待会。
　敬　请
光　临

××××部长　×××
2020 年 12 月 1 日

以个人名义发邀请函，基本上都是有关个人重要事务的，比如婚礼、寿宴等。

【例文 2】

请　　柬

送呈××先生企台
谨定于公历××××年 8 月 8 日（农历戊戌年六月二十七日）举行家母×××80 大寿寿宴。
恭请光临。
时间：中午 12:00
席设：××大酒店一楼

×××敬约
××××年 8 月 1 日

2. 邀请函的分类

按照不同的邀请人，邀请函有单位邀请函和个人邀请函。按照不同的邀请对象，邀请函有写给单位组织的，有写给个人的。按照不同的邀请内容，邀请函有个人事务邀请函和工作事务邀请函。

3. 邀请函的写作

邀请函由标题、称谓、正文、结语、落款五个部分组成。

（1）标题

标题即为"邀请函""邀请信""请柬"，有时还会具体写成"关于参加××活动/会议的邀请函"等。

（2）称谓

写明邀请对象的单位名称或个人姓名，并在个人姓名后加上职务、职衔，或"同志""先生""女士"等称呼。

（3）正文

邀请函的正文内容主要写邀请的原因、事项、时间、地点等，有些邀请函还要交代要求事项、应做的准备。

（4）结语

邀请函在结语上一定要注意体现邀请性质，如使用礼貌用语"敬请光临""恭请您届时莅临"等。

（5）落款

写明邀请人的单位名称或个人姓名，以单位或组织的名义邀请的，还要加盖公章，个人姓名可以写"×××敬邀"；署名下面写上年、月、日。

4. 注意事项

（1）文字要准确礼貌

为了表达对被邀请人的尊重，书写邀请函应根据场合、事务、对象等认真措辞，行文要注意用词准确，表达真诚。

（2）注意递送方式

为了表示真诚邀请的心意，有些重要的邀请函最好是亲自递送给被邀请人。不过现在电子版邀请函应用较多，应在发出电子版邀请函后，给被邀请人打电话或发信息以确认是否送达。

四、写作训练

××电子股份有限公司即将举行年会，请拟一封简单的邀请函邀请合作单位××企业总经理等人参加，请自拟年会举办时间、地点和主题。

参考答案

 拓展例文

拓展例文

模块三 机关事务类文书

单元一　计划

学习目标

1. 了解计划的种类；
2. 掌握计划的结构与写法。

预期成果

能够撰写格式规范、结构完整、内容完备、表述正确的条文式（文章式）计划或表格式计划。

一、模拟任务

××造纸厂为提高产品质量、降低产品成本，增强企业竞争力，准备制定一份计划。假如你是××造纸厂的质量管理人员，请拟写一份计划。

二、例文鉴赏

【例文1】

××造纸厂××××年质量管理工作计划

××××年是本厂产品质量升级、品种换代关键的一年，为了进一步提高产品质量、降低产品成本，增强企业竞争力，特制定本计划。

一、质量工作目标

（一）一季度增加2.5米大烘缸两台，扩大批量，改变纸页温度。

（二）三季度增加大烘缸轧辊一根，进一步提高纸页的平整度、光滑度。此项指标要达到QB标准。

（三）四季度改变工艺流程，实现里浆分道上浆，使挂面纸板和水泥袋纸板达到省内同行业先进水平。

二、质量工作措施

（一）强化质量管理意识，进行全员质量意识教育，培养高质量的管理干部。

（二）成立以技术副厂长×××为首的计改领导小组，主持提高产品质量以及产品升级、设备引进、技术改造的工作，负责各项措施的落实和检查工作。

（三）由上而下建立好质量保证体系和质量管理制度，把提高产品质量列入主管厂长、科长及技术人员的工作责任，年终根据产品质量水平分配奖金，执行奖惩办法（奖惩办法由劳资科负责拟订，1月15日前公布）。

（四）本计划纳入××××年全厂工作计划。厂部负责监督、指导实施。各部门、科室要协同配合，确保本计划的实施。

××造纸厂
××××年××月××日

【例文2】

珠江花船巡游活动方案

为进一步贯彻落实省委、省政府关于建设经济强省、文化大省的战略部署和进一步加快旅游业发展的决定精神，有效提升广东旅游文化的国际地位，增强广东旅游吸引力，加快推进广东旅游业发展，拟在××××年广东国际旅游文化节期间举行旅游花船大巡游，由若干艘具有中国传统文化和岭南文化特色的大型花船在珠江泛舟巡游，以展示广东旅游文化多姿多彩的风貌，有关巡游活动实施方案如下：

一、活动名称

××××年广东国际旅游文化节暨泛珠三角旅游推介大会广州系列活动——珠江花船巡游。

二、活动时间及地点

时间：××××年11月23—29日（7天）；

地点：珠江河段（白鹅潭—广州大桥）。

三、主办单位及承办单位

主办单位：广州市人民政府、广东省旅游局。

承办单位：广州市旅游局。

四、巡游队伍构成

由泛珠三角"9+2"（指广东、福建、江西、广西、海南、湖南、四川、云南、贵州9个省和香港、澳门2个特别行政区）省会及国内部分旅游城市和省内各地市、大型旅游企业组织参与，由展示宣传各地改革开放所取得的巨大成就、富有浓郁文化特色、各类精彩旅游项目及品牌等内容装饰的大型花船船队组成，船只数量拟在30艘左右。

五、巡游安排及线路

（一）船只集结（停靠）地点

中大北门广场码头江边河段。

（二）花船巡游时间、地点、气氛、相关安排

1. 时间

11月23日（星期四）20:00—22:00。

2. 地点

中大北门广场。

3. 现场气氛

10头醒狮起舞、8门彩纸花炮。

4. 相关安排

18:30 所有花船、表演团体、工作人员按规定位置就位。

19:30 迎宾。

19:50 主持人宣布活动开始（届时具体配合主会场时间）。

（1）介绍主礼嘉宾。

（2）请省、市领导致词。

20:00 主持人（或领导人）宣布巡游活动开始。

8门彩纸花炮齐放（电路控制），10头醒狮起舞，游船和巡游花船一齐鸣笛15秒，随即巡游队伍由标志着"××××年广东国际旅游文化节"主题花船领头启航，带出具有各展示特色主题的花船，进入巡游线路巡游。领导和嘉宾观看巡游活动，主持人介绍各地花船主题内容。

22:00 花船巡游结束后，停靠在中大北门广场江面，供市民观赏。

（三）花船巡游安排

拟在11月24—29日期间，每晚在19:00—21:00时启动，巡游时间共约2小时。

（四）巡游线路

中大北门广场码头——二沙岛中段（掉头）——白鹅潭——中大北门广场码头（停靠）。

（五）后续安排

11月23—29日所有船只参加巡游后，停靠在中大北门广场江面，供市民观赏。

（资料来源：广州市文化广电旅游局 gz.gov.cn）

【例文3】

××学校暑假作息时间表如表3-1-1所示。

表3-1-1 暑假作息时间表

时间段	计划内容	备注
06:30—07:00	起床、洗漱	可以晨跑
07:00—08:00	吃早饭、晨读	在晨读的时候可以背一些诗词或英语单词，量不在多，贵在坚持
08:30—09:30	写暑假作业	报了兴趣班的孩子不用严格遵守这个时间，但是需要保证每天两个小时的学习时间
09:30—10:30	休息时间	可以看会电视、玩会游戏，休息一下
10:30—11:30	写暑假作业	
11:30—14:00	午餐、午睡	
14:30—15:30	课外延伸阅读	阅读的书目不限，主要培养孩子良好的读书习惯，拓展思维
15:30—16:00	休息时间	
16:00—18:00	户外活动时间	

续表

时间段	计划内容	备注
18:00—19:00	吃晚饭	
19:00—20:00	学习时间	可以做暑假作业，也可以做拓展思维和能力的习题
20:00—21:00	聊天时间	亲子交流或是与家人一起玩游戏都可以
21:00	洗漱，睡觉	暑假一定要保证良好的睡眠习惯

三、必备知识

计划是行动的先导。古人云："凡事豫（预）则立，不豫（预）则废。"豫（预），即事先计划。人们的学习、工作和日常生活都离不开计划，制定计划是一种科学的管理方法和手段。它就像一幅工程设计图，对工作、生产、学习、生活都有着重要的指导、推动、保证和督促作用。

（一）计划的含义

计划是国家机关、企事业单位、社会团体以及个人，在工作、生产、学习以及日常生活中，为完成某项任务，预先拟订的目标、措施、步骤、要求及规定完成期限并加以书面化或表格化的预先安排。

计划是一个统称，我们常见的"计划""安排""打算""方案""设想""纲要""规划""要点"等都属于计划的范畴。从计划的具体分类来讲，比较长远、宏大的为"规划"，比较切近、具体的为"安排"，比较专业、全面的为"方案"，比较简明、概括的为"要点"，比较深入、细致的为"计划"，比较粗略、简单的为"设想"。

计划可以提高工作的预见性和自觉性，成为日后检查工作进度，总结、评价和考核工作完成情况的依据。

（二）计划的特点

1. 预测性

计划是在行动之前制定的，它不仅对将来一段时间内所要达到的目标作出预测，同时还要对实现这一目标所要做的工作、方法和步骤作出详尽和可行的安排与部署，使这一目标得以顺利及时地完成。

2. 具体可行性

各项措施、办法和要求必须具体明确，切实可行，符合实际。目标要适当，过高，难以实现、完成；过低，起不到指导、激励的作用。

（三）计划的种类

计划实际上有许多不同种类，它们不仅有时间长短之分，而且有范围大小之别。根据不同的划分标准，有不同的划分。

1. 按内容分

按内容分，有学习计划、工作计划、生产计划、科研计划、劳动计划、营销计划等。

2. 按性质分

按性质分，有综合计划、专题计划。

3. 按范围分

按范围分，有个人计划、单位计划、部门计划。

4. 按时间分

按时间分，有长期计划、中期计划和短期计划；年度计划、季度计划、月度计划和周计划等。

5. 按计划的写法分

按计划的写法分，有条文式（文章式）计划、表格式计划（如课程表、作息安排表）、条文表格结合式计划。

（四）计划的结构和写法

1. 标题

计划的标题有四个要素：计划单位名称、计划时限、计划内容、计划名称。一般有三种写法：

（1）完整式标题

由计划单位名称、计划时限、计划内容、计划名称四要素组成，如《××公司××××年财务工作计划》《××造纸厂××××年质量管理工作计划》。

（2）省略式标题

即视实际需要省略某些标题要素：

① 省略时限，如《××公司营销方案》；

② 省略单位，如《××××年学生工作要点》；

③ 省略单位和时限，如《实践教学工作计划》。

凡省略单位的标题必须在正文后署名。

（3）公文式标题

即由发文机关名称、事由、文种组成，如《××公司关于××××年开展新业务的工作计划》。

若计划尚不成熟或未经批准，则在标题后或正下方注明"草案"或"讨论稿"等字样，并加上圆括号。

2. 正文

计划正文一般由前言、主体和结语构成。

（1）前言

一般简明扼要地写出以下四个方面的内容：

① 说明制定计划的依据。

② 概述本单位的基本情况，分析完成计划的主、客观条件。

③ 提出总的任务和要求，或完成计划指标的意义。

④ 指出制定计划的目的。

以上四个方面的内容可根据实际作出适当选择，不必面面俱到。

前言通常以"为此，特制定计划如下"为过渡语，引出主体部分。

（2）主体

一般必须写清以下三个方面的内容：

① 目标任务——"做什么"，即某一时段内要完成的工作任务。

② 措施——"怎么做"，即写清楚采取何种办法，利用什么条件，由何单位何人具体负责，如何协调配合完成任务。

③ 步骤程序——"何时完成"，即写明实现计划分几个步骤或几个阶段。

写法说明：目标、措施、步骤程序，可分开写，也可把措施和步骤程序放在一起写。根据计划的内容和表述需要，选择写成条文式、表格式，或条文表格结合式。在正文不便表述的内容，另作附件。

（3）结语

可以说明计划的执行要求，也可以提出希望或号召，也可以不专门写结语。

四、写作训练

（一）单位计划

1. 拟一份表格式活动计划安排表

某职业学院团委拟举办"五四"青年节庆祝活动，届时将举行多种纪念活动，包括举行篮球比赛、读书报告会、文艺联欢会、电影专场、青年书画展等。请拟一份表格式活动计划安排表，计划名称、计划表及说明均要求具体明确，有关内容如时间、地点、负责人等可以虚拟。

2. 起草一份庆典活动计划

为提升企业知名度，宣传企业文化和商务文明，大力打造企业和品牌形象，××公司正在筹备公司10周年庆典活动，需要抽调相关部门20人成立筹备工作小组，与此同时，需要筹备活动资金6万元，请代为起草一份庆典活动计划。

3. 拟制一份条文式本班（本单位或本部门）学习活动的计划

（二）个人计划

拟制一份本学期个人计划（学习计划、考证计划、旅游计划、实习计划……），条文式、表格式任选。

参考答案

单元二　总结

学习目标

1. 了解总结的种类；
2. 掌握总结的结构与写法。

预期成果

能够熟练掌握写作总结的技能，撰写格式规范、结构完整、内容完备、表述正确的总结。

一、模拟任务

到 12 月份了，单位要求每个部门提交部门工作总结。请你为所在部门拟写一份部门工作总结。

二、例文鉴赏

（一）综合性总结

【例文】

××汽车总公司工会××××年度工作总结

××××年，我公司工会在董事会领导下，认真贯彻"行动落实、实效维权"的工作方针，把握大局、找准位置、提高水平、创出特色，坚持以改革发展为主线，完善四项制度，实施八项工程，扎扎实实地为职工办好事办实事，取得了可喜成绩。一年来，全面完成了××××年的各项任务，先后荣获全国劳动争议调解工作先进单位、全国体育工作先进单位、全国职工技术协会先进单位、全国益智杯竞赛优胜企业、××市法律工作先进单位、××市经济技术创新优秀组织单位、××市职工互助职险优秀代办处、××市工会宣传先进单位等荣誉称号。

现把一年来的工作总结如下：

一、群众性经济技术创新工程有了新的突破，形成了有××汽车总公司特色的劳动模范管理模式

（具体做法叙述略）

二、送温暖工程突出抓帮困助学、医疗救助和岗位救助，得到了广大职工的拥护

（具体做法叙述略）

三、启动职工素质教育工程，为职工打造终身学习的平台

（具体做法叙述略）

四、文化创新工程突出了企业文化，增强了团队精神

（具体做法及成绩略）

五、以优秀员工职业道德教育活动为动力，积极为职工办好事办实事

（具体做法及成绩略）

六、完善四项制度，强化企业民主管理，构建和谐企业

（具体做法及成绩略）

……

存在的不足将在今后的工作中加以改进，只有这样，才能使工会工作适应公司改革发展的新形势，实现工会工作的不断创新。

××汽车总公司工会
××××年12月12日

（二）专题性总结

【例文1】

××××年第×届海南房地产展示交易会工作总结

以海南地产"暖起航"为主题的××××年第×届海南春季房地产展示交易会在海口市人民政府、海口市贸促会等政府部门的支持下，在组委会精心筹备下，在参展企业积极配合下，在全体员工辛勤劳作下，于5月1日至3日在海口会展中心成功举办。

本届房交会由海口市人民政府、中国房地产业协会主办，由海口市贸促会、海南共好国际展览服务有限公司承办，由海南共好会议展览有限公司、海南洋浦共好国际展览有限公司协办。展出面积7 001平方米，共吸引了来自海口、三亚、澄迈、临高、乐东等市县36家房地产企业携40多个楼盘项目参展。本届房交会氛围浓、服务好、优惠多，是海南进一步拉动房地产需求，激活海南房地产市场，促进海南房地产健康发展，助推海南国际岛建设的重要举措。

一、品质决定成交，刚需增强信心

本届房交会共持续3天，共计3.3万人次参观洽谈。房地产各类楼盘项目现场成交143套，成交金额约1.5亿元。成交前三位分别是广物地产旗下的滨江海岸及滨江帝景、绿地集团的海南绿地城。其余热销项目分别为藏龙福地、滨江绿都、九鼎水郡、宝源花园、蓝城一号、海岛国际名城等。

从成交情况来看，本届房交会在国家房地产宏观调控的大背景下，广大购房者对住房消费趋于理性。从购房群体来看，本届房交会一改往届旅游地产与养老类房产占主导的局面，意向购房者以刚性需求和改善需求型消费为主。海口作为海南省会城市，其楼盘项目由于区位优势及配套齐全，广受外地购房者的青睐。乐东、临高等市县空气极佳，气温舒适，所参展的楼盘也因此备受关注，表明了环境对购房者选房购房的引导性愈来愈明显。广物地产、绿地集团两个百强品牌房地产大规模参展，进一步提升了房交会的楼盘品质，其带来的楼盘项目及优惠均获得了众多参展观众的好评。房地产市场的日臻成熟和消费的理性回归给广大开发商及购房者带来了信心，让整个房交会更加符合"暖起航"的主题。

二、楼盘优惠给力，活动精彩纷呈

为回馈多年来关心和支持海南房地产发展的广大购房者，通过组委会与各参展企业的共同努力，本届房交会的优惠力度相对去年有所增加。展期所有参展房企都做了优惠活动，展会现场无疑是最佳的选房购房时机。

现场各种优惠活动与多项趣味活动相结合，不断推高展会氛围的高潮，使得整个展会的参与度、互动性有了明显提升。展会期间滨海国际、绿地荣域、蓝城一号、帝景海岸、国际名城、海秀星城、文汇雅居、金海雅苑、鸿华大厦等楼盘特价房或精装房广受热捧。多家楼盘均价在 6 000～7 000 元/m²，部分房源折后低至 2 860 元/m² 起，菩提树最高可享 10 万元大礼包。此外，最让人眼前一亮的是广物地产和绿地集团等大牌房地产企业的"放血"出售。其中，广物地产携滨海国际、滨江帝景、滨江海岸三个项目齐上阵，特价最低 6 980 元/m² 起。滨海国际 44～143 m² 一线海景精装开盘特惠 8 800 元/m² 起，还送 2 000 元/m² 精装。绿地集团的绿地海长流、绿地荣域在展会期间购房推出的优惠也是开盘至今最惠。绿地海长流一次性付款享 8.7 折，按揭享 9 折。绿地荣域给出 55 万元/套起送装修的 10 套特价房限时抢购。九鼎水郡、宝源花园、藏龙福地、四季康城、昌茂城邦、昌茂水木清华、天伦誉海湾、惠丰碧水江畔、正大十里海、锦江丽都、正业家园、三青家苑等楼盘项目推出的优惠也受到了购房者的关注。

在本届房交会上，参展企业各显身手，将各自楼盘的特色淋漓尽致地展现给每位观众，多个展位的特色表演，创意新颖独特，让参展观众驻足观看。广物地产火辣的舞蹈节目、绿地集团的气球人、蓝城一号的拉丁舞，等等，配套活动均吸引了大量参展观众的关注。为活跃展会氛围，组委会组织了扫描微信送好礼活动、免费看房游并赠送购房地图、展会会刊，让观展购房观众了解海南房地产最准确、最权威、最全面的楼市信息。

三、宣传覆盖面广，观众组织有效

本届房交会继续启用广播、电视、报纸、微博、微信、海南在线、新华网、中国经济网、凤凰网、公交车车尾 LED 广告、海汽集团各市县车站广告、市内大型户外广告等宣传媒介，以吸引更多意向购房群体前来展会现场。在报纸宣传方面，改变了以往以硬广告为主导的宣传方式，而加强了专题报道，此外，还加大了微信宣传力度，前期分别策划了集赞送好礼、参展楼盘抢先看、观展指南等系列活动，主动、及时传播房交会资讯。展会前期及展会期间，均在各大公交车站发放宣传单页。且专门在美兰机场设置专门的观展购房咨询台，组织进岛旅客到展会现场观展购房。据现场调查统计，大部分观众观展目标明确，以看房购房、了解房市为主，有效观众约达 70%。展期组委会开通的 9 条看房线路每天均有发班，共发送 11 班次，200 多人次，其中看房观众对滨海国际、蓝城一号等楼盘评价较好，部分观众在楼盘现场已交付购房定金。整体上，此次的宣传从形式到内容上均有效助推了展会成效率，展会展示交易的效果明显。

四、存在的问题

本届房交会，每位工作人员均认真落实各项工作细则，尽心服务于现场展商。但展会三天均不同程度受到天气影响，致使整体效果不突出，人流量比预期约少20%。且存在参展楼盘优惠幅度未达预期目标、个别未参展的楼盘开发商趁机到本展会现场发放宣传单页、围堵参展商展位入口等问题，需要我们加强改进。下届展会我司将加以整改，切实保障参展企业的合法权益。

（资料来源：2014第20届海南房地产展示交易会工作总结–海南房天下fang.com）

【例文2】

××班××××年上半年
班级工作总结

回顾过去的半年，我们××班锐意进取，开拓创新，工作学习各方面都有了较为满意的成绩。为了在今后的工作中更多地取得成绩，避免失误，现将我班在上学期的活动总结如下：

一、在学习方面

作为××的学子，我们曾经对未来那么没有把握，那么难以面对。但是，××级学长们的考研骄绩让我们既自豪又充满了信心。我们已不再消沉和迷惘，课堂上，仔细听讲；课堂后，大量阅读书籍，充实自己的知识，我们的学风严谨而创新。两年的学习与适应使同学们有了明确的目标，也有了对未来的构想，有目标当然更有行动。我们班19名同学取得了大学英语四级证书；××同学获得了××奖学金；通过国家计算机二级的同学也很多。同时，本班考试纪律良好，从无一人作弊，且专业成绩较好。这些成绩的取得与同学们的努力是分不开的。但我们也存在许多缺点，有些同学的学习积极性不高，对英语学习还存在抵触心理。

二、在活动方面

我班将丰富同学们的课余文化生活，并以此作为工作的主题之一，鼓励动员同学们参加校、系举办的各项文娱活动。上半学期我班同学积极参加了系里举办的拔河比赛、投篮大赛，虽然成绩并不理想，但同学们都表现出极大的热情。为欢度圣诞、元旦两大节日，应广大同学的共同要求，举办了一次晚会。同学们个个登台表演，评出奖项并发放了纪念品，活跃了同学们的课余生活。以上活动同学们都热情高涨地积极参与，大大丰富了同学们的课余文化生活。

三、在宣传工作方面

我班建有以激励为主要手段的宣传工作制度，并坚持良好。建有宣传委员领导的班级宣传报道小组，能够利用黑板报、宣传栏、手抄报等多种手段积极参与宣传工作。在××等校刊物上，我班也有多篇文章发表。但是在宣传工作上仍有不足之处，比如不能积极准确地宣传报道班级的工作及典型人物和事迹，在各新闻媒体上发表的文章太少。在今后的工作中仍需进一步努力，以期我班的宣传工作能有一个新的局面。

四、在社会实践方面

实践出真知，对于新时代的大学生来说，参与社会实践是获得知识和提高能力的重要途径。鉴于实践活动的重要性，我班设有专门的社会实践活动小组，对全班同学的社会实践活动给予一定的理论指导，把寒暑假的社会调查、勤工助学、假期打工等社会实践活动作为主要内容，并结合有关专业课程的设置，开展相应的社会实践活动。同时动员同学们积极参加实践活动，如创业计划、寒暑假社会调查报告，等等。全班同学尽心尽力，取得了不错的成绩，××同学还获得了社会实践先进个人。

五、在班风建设方面

我班坚持以"团结、勤奋、创新、进取"为班风，不断建设并完善活动考勤及各项制度。活动考勤由班长负责，要求严格，执行良好。坚持民主评议制度，增强班干部的约束机制，并激励其发挥模范带头作用。通过以上制度的严格执行，通过全体班委的带头作用，通过全班同学的不懈努力，本班风气正、纪律严明、积极进取，各项制度遵守良好。班级有凝聚力，全班同学紧密团结，共同进步，这就为我班在各方面取得优异成绩打下了坚实基础。

综上所述，在过去的半年里，我班既有喜人的成绩，也存在明显的不足。但无论是成绩还是不足，都已经成为过去时，我们不能沉浸在昨日的成就里沾沾自喜、不思进取，也不能一味为昨日的失误懊恼悔恨、裹足不前。我们要从成绩中借鉴前进的动力，从失败中汲取经验和教训。

三、必备知识

总结与计划是相辅相成的，要以计划为依据；而制定计划则总是在总结经验的基础上进行的。其间有一条规律：计划—实践—总结—再计划—再实践—再总结。

（一）总结的含义

总结是对已经做过的工作进行理性的思考，也就是把一个时间段的工作进行一次全面系统的总检查、总评价、总分析、总研究，然后分析成绩、不足、经验等。

总结是单位、部门或个人对前一段的实践活动进行回顾、检查、分析和研究，从中找出经验教训和规律性的认识，以指导今后实践而写成的应用文书。总结主要是指工作总结。

工作进行到一定阶段或告一段落时，需要回过头来对所做的事情认真地分析研究一下，肯定成绩，找出问题，归纳出经验教训，提高认识，明确方向，以便进一步做好工作，把这些用文字表述出来，就叫作工作总结。总结的写作过程，既是对自身社会实践活动的回顾过程，又是人们思想认识提高的过程。通过总结，人们可以把零散的、肤浅的感性认识上升为系统、深刻的理性认识，从而得出科学的结论，以便发扬成绩，克服缺点，吸取经验教训，使今后的工作少走弯路，多出成果。它还可以作为先进经验被上级推广开来，为其他单位所汲取、借鉴，推动实际工作的顺利开展。

总结要写得有理论价值。一方面，要抓主要矛盾，无论谈成绩还是谈存在的问题，都不要面面俱到。另一方面，对主要矛盾要进行深入细致的分析，谈成绩要写清怎么做的，为什么这样做，效果如何，经验是什么；谈存在的问题，要写清是什么问题，为什么会出现这种问题，其性质是什么、教训是什么。这样的总结，才能对前一段的工作有所反思，并由感性认识上升到理性认识。

（二）总结的特点

1. 实践性

工作总结以回顾实践或工作的全过程为前提，要用第一人称，即要从本单位、本部门的角度来撰写。

2. 理论性

通过总结，将实践中获得的感性认识上升为理性认识。表达方式以叙述、议论为主，以说明为辅，可以夹叙夹议。

能否找出带有规律性的认识，用以指导今后的工作，是衡量总结质量好坏的标准。

（三）总结的种类

1. 按性质分

有综合性总结及专题总结。

1）综合性总结

综合性总结又叫全面总结，内容包括基本情况、过程、成绩、经验、缺点、教训等诸多方面，是单位、部门对一定时限内所做的各方面工作进行的综合性分析、总结。如《××学院××××年工作总结》，就是对学院在该年度的教学工作、科研工作、学生工作、后勤工作、财务工作等进行的全面总结。

2）专题性总结

一般理论性较强，是对某方面的单项工作如生产、思想等某项特定的任务完成之后所进行的总结，如一个公司抓好产品质量方面的总结。

2. 按内容分

有工作总结、生产总结、学习总结、科研总结、经验总结、会议总结等。

3. 按时间分

有年度总结、季度总结、月份总结、阶段总结、周小结、日小结等。

4. 按范围分

有单位总结、部门总结、个人总结等。

（四）总结的结构

1. 标题

总结标题常见的形式有三种：

1）公文式标题

多用于综合性总结，由单位名称、时限、事由、文种构成，如《×××公司××××年度的工作总结》。

2）文章式标题

多用于专题性总结，即概括文章内容或基本观点的标题，标题中不出现文种"总结"两字，如《科技兴厂是扭亏增盈的头等大事》。

3）双标题

这种标题的正题揭示主题或概括经验体会，副题写明单位、时限、事由和文种等，如《锁

定问题有的放矢　查办案件打出声势——八省市总结开展打击新闻敲诈和假新闻专项行动经验的做法》)。

2. 正文

正文由开头、主体和落款三部分组成。

1) 开头

开头也叫前言，通常简述工作或任务是在什么形势下、遵循什么思想或方针完成的，有哪些主要成绩，存在哪些主要问题。或简要交代工作的时间、背景，取得的主要成绩和效益等，让读者有一个全貌认识。

2) 主体

主体一般有以下3个方面的内容：

（1）基本做法、成绩和经验

写在什么思想指导下，做了哪些工作，采取了哪些措施，取得了哪些成绩，主客观原因是什么，有哪些体会。成绩、做法是基础材料，经验、体会是重点。注意点面结合，重点突出，切忌面面俱到，记流水账。

（2）问题与教训

写工作中存在的问题与不足，不同的总结，可以有不同的侧重。反映问题的总结，此部分重点分析主客观原因，以及由此得出的教训；典型经验总结，这部分不写，也可以把这部分内容合并到"努力方向"中去写。常规工作总结，则概括写存在的主要问题。

（3）今后的工作和努力的方向

这部分内容需写得简单明了。

3) 落款

在正文右下方署上单位名称，名称下面写明时间。如果单位名称已署在标题下面，则可不再落款。

（五）总结的写法

写总结首先要对已有的实践活动进行材料的汇总，其次要对汇总的材料进行分析研究，从而得出规律性的结论。总结不能只是材料的堆砌或只有干巴巴的结论。

写作总结本身并不难，动笔前要做好如下准备工作：

1) 调查研究，占有材料

其途径是深入调查，广泛听取意见，查阅有关资料和召开有关的座谈会等了解情况，掌握第一手资料。

2) 认真筛选材料

在掌握材料的基础上对材料进行认真分析筛选，通过思考总结规律，把感性认识上升到理性认识的高度。写作时要精心选择最能表现主题的、最能说明问题本质的材料来阐述问题。

3) 合理谋篇布局

要根据主题表达的需要，精心编写提纲，合理安排结构。这样动笔后才能做到心中有数，条理井然。

主体部分内容很多，要以合适的方式来安排结构。常见的有以下三种结构方式：

（1）分部式结构（横式结构）

按"情况—成绩—经验体会—问题—今后设想"的顺序写作；或按工作内容分成并列的几个方面来写。每部分可用序号列出，也可恰当地运用小标题，或采用段旨句表示。

（2）阶段式结构（纵式结构）

按时间顺序，把工作的整个过程划分成几个阶段来写。各个阶段写一个部分，以块式结构来安排内容。这种结构适合写时限较长而又有明显阶段性的工作总结。

（3）观点式结构

将内容归纳为几个观点，每个观点就是一个大层次，以"一、二、三……"序号排列，逐条叙述，条文之间的逻辑关系较严密。这种结构较适合写专题经验总结。

四、写作训练

1. 工作总结

就你所熟悉的某项工作，为你所在集体（班级、单位、部门）拟写一份半年工作总结。

参考答案

2. 个人总结

以刚进入大学的生活为素材，试写一篇大学生活方面的个人总结。

单元三　述职报告

学习目标

1. 了解述职报告的类型；
2. 掌握述职报告的写作方法。

预期成果

能根据需要，拟写出内容准确、格式规范、措辞得体的述职报告。

一、模拟任务

假如你担任某职务或在某工作岗位满一年，请写一份年度述职报告。

二、例文鉴赏

【例文1】

述 职 报 告

各位领导、同志们：

  现在，我把自己一年多来的思想工作情况做一下汇报，请予审议。本人自××××年12月至今担任××公司总经理，按照总经理岗位职责做了自己应该做的工作。

  一、履行职责情况

  （一）抓员工思想教育，增强企业凝聚力，塑造企业形象（略）

  （二）抓管理建章立制，争创一流（略）

  （三）参与新产品KS-2型机的研制（略）

  二、思想作风情况

  （一）理论学习（略）

  （二）科技学习（略）

我认为自己是称职的。

三、存在的问题和今后的努力方向

（一）……

（二）……

（三）……

以上是我的述职报告，请领导、同志们指正！

述职人：×××

××××年12月10日

【例文2】

述 职 报 告

尊敬的各位领导、老师：

你们好！

时光荏苒，岁月如梭。我自××××年9月加入法学院学生会，转眼间已过了两个年头。在过去的两年中，我立足本职，围绕学生会工作大局，脚踏实地，开拓创新，以务实的工作作风、饱满的工作热情和旺盛的工作精力，全面履行职责，较好地完成了各项工作任务。

现将我两年来的工作情况报告如下：

一、立足本职，积极组织并带头参加学生会各项活动

学生会是在学院党总支和团委的指导下代表广大同学利益的学生组织，是联系学生与学院的桥梁和纽带，是发展与繁荣校园文化的舞台和基地，是培养大学生全面成才的重要载体，我们的本职是立足同学，服务同学，我自加入学生会以来，从未脱离这一主题，认真履行职责，在当秘书处干事的一年间，我学到了不少东西，积累了很多工作经验，在组织活动的同时，积极地带头参加了很多学生会的活动，取得了一定成绩。

1. ××××年9月，在艺术团主办的校园剧大赛中我荣获最佳女主角的称号。

2. ××××年11月，在女生部承办的礼仪小姐大赛中荣获最具活力奖项。

3. ××××年12月，在女生月风尚主题秀征文比赛中获得三等奖。

4. 同时，我还曾担任学术部主办的学习经验交流会、考研经验交流会，女生部主办的唯舞独尊晚会等各种活动的主持人，积极配合各个部门搞好特色活动。

……

通过亲身组织并参与学生会的各项活动，我熟悉了学生会举办各种活动的大体脉络流程，并总结出自己的心得体会，写入每一次的活动总结中，自己的心智也在活动中得到了锻炼和提高。

二、恪尽职守，不断创新

升入大二，我荣升秘书处部长，凭借大一踏踏实实工作积累下的经验，我开始有了施展自己领导才能的空间，在做好秘书处原有本职工作的同时，我开始思考革新，思考如何改进秘书处现在所存在的不足之处。

1. 做好规范的存档工作。学生会的每一次活动都有计划、总结，以及由秘书处负责填写的活动记录表。做好活动记录的备份存档工作对于以后各项工作的开展会有很大的便利，但之前的存档工作做得不是很好，丢掉了一些很有价值的文件。

革新之处：要求各部的活动备份一式三份，分别放在本部、秘书处、学办老师的档案盒内，并将电子稿发到学生会的邮箱内。这是不成文的规定，必须长久贯彻下去，使学生会的存档工作日益规范化。

2. 制定法学院学生会章程。学生会自成立以来，逐渐发展形成了纳新制度、财物制度、会议制度、评优制度、奖惩制度等一系列规章制度，但林林总总，不成体系，也没有落实到文字上。今后学生会有了规范化的章程，就会有规范化的运作，也为法学院学生会长足的发展奠定了理论基础。

3. 账目的明细公开化。学生会报账要遵守严格的报账制度，公开报账时间、地点，杜绝私自报账的现象；报账工作由专人负责，并且定期向老师汇报工作情况，上交账目清单。

当然，秘书处的工作性质决定了我要以更高的工作标准来要求自己，要考虑到更多的细节，要以自己的细心、耐心和热心换得秘书处的疏而不漏、有条不紊！

三、严以律己，不断进取

在开展学生会工作，不断提升自己的组织能力、领导能力、协调能力的同时，我严格要求自己，一定要学好专业知识，为以后的就业、找工作打下坚实基础。

本着这样的思想，我抓紧一切工作之余的时间来学习，参加了全国计算机等级考试，现在也加大了英语学习的力度，以顺利通过不久以后的英语四级考试。虽然上一年的综合测评我排名第七，拿到了三等奖学金，但这对我来说还远远不够，"路漫漫其修远兮，吾将上下而求索"，我要向那些工作出色又能拿一等奖学金的学长学姐们看齐！

作为大二学生，我还在思想上、行动上积极向党组织靠拢，在高二就提交了入党申请书的我，进入大学后接受了入党培训等一系列的教育，对党有了更加深刻的认识。现在我已经光荣地成为预备党员的发展对象，审核材料已经上交，等待审批，相信只要我努力工作，不断学习，端正思想，紧跟党的步伐，一定会尽早加入伟大的中国共产党。

两年以来，我勤勤恳恳、踏踏实实地做了很多工作，取得了一定的成绩，从中得到了锻炼和提高。同时，也为丰富大学生课余活动、提高学生会在学生中的影响力做了一些贡献。我认为自己是称职的。

但我也存在许多不足之处，表现在以下几点：

……

这些问题我将在今后的学习、工作中认真加以改正和提高。

总结过去，昭示现在，指导未来，我将继续努力，不断提升自我，完善自我，把学生会工作做得更好。

以上是我的个人述职报告，若有不妥之处，敬请老师们批评指正。

再次感谢一直以来对我的工作给予支持和肯定的学院各级领导！

述职人：李小丫
××××年××月××日

三、必备知识

（一）述职报告的含义

述职报告是各级机关、企事业单位、社会团体的各级领导干部及管理人员，向组织人事

部门、上级主管机关或本单位的员工陈述自己在任职期间履行岗位职责情况的书面报告。有助于考核、评价干部，有利于提高干部素质、能力。

（二）述职报告的特点

1. 自述性
报告人以第一人称自述履行岗位职责情况。

2. 自评性
报告人依据岗位规范和岗位职责，对自己在任期内的德、能、勤、绩、廉等方面的情况作自我评价、自我鉴定、自我定性。

3. 报告性
报告人是以被考核、接受评议的身份作履行职责的报告，应把握好角色分寸。

（三）述职报告的类型

1. 从内容上分
从内容上分，有综合性述职报告、专题性述职报告。

2. 从表达形式上分
从表达形式上分，有书面述职报告、口头述职报告。

3. 从时间上分
从时间上分，有三类述职报告：
（1）任期述职报告
（2）年度述职报告
（3）临时性述职报告

（四）述职报告的结构和写法

1. 标题
通常有两种写法：一种由述职人和文种构成，如《我的述职报告》；另一种直接用文种做题，即《述职报告》。

2. 称谓
写面对的对象或呈报的部门，如"各位领导""董事会""组织人事部"等。

3. 正文
（1）导言
概述现任职务、任职时间、岗位职责、工作目标及对自己工作的总体估价。
（2）主体
即履行岗位职责的情况，内容包括工作思路、工作指导思想、工作成效、工作经验、存在的主要问题、失误、改正措施、努力方向。注重介绍典型工作实绩，并写明起止时间。
（3）结尾
通常写的话语有"以上报告，请领导和同志们指正""以上是我的述职报告，谢谢各位"。

（五）注意事项

1. 内容要客观
自评须实事求是，全面准确。处理好成绩与问题、个人与团队的关系。

2. 重点要突出
不能写成"流水账"，要写好典型实绩，突出自己的特点、独特贡献。

3. 注意述职报告与工作总结的区别
工作总结可以是单位的、集体的，也可以是个人的，写作角度是全方位的：突出的工作业绩、出现的问题、经验或教训、今后的工作设想都可以写，基本上是做了什么就总结什么，要上升到理论高度概括经验和体会。

述职报告侧重展示个人履行岗位职责的思路、过程和自己的能力，重点回答称职与否，不重点表现本部门、本单位的总体业绩、问题。

4. 注意语言表达
语言要诚恳、得体、简洁且注意口语化，注意角色分寸。

四、写作训练

1. 写一份递交给辅导员老师的述职报告
假设你是班长，一学期结束了，请写一份递交给辅导员老师的述职报告。要求：按照述职报告的内容和写法拟出提纲。

2. 写一份年度述职报告
假如你担任学校某学生社团某部门负责人满一年，请写一份你在该职位的年度述职报告。

参考答案

单元四　电话记录

学习目标

1. 了解电话记录的类型；
2. 掌握电话记录的写作格式及基本要求。

预期成果

能熟练掌握写作电话记录的技能，正确做好电话记录。

一、模拟任务

总经理办公室电话通知你所在部门领导务必参加明天的销售工作会议。对于这个内容重要的电话，你该怎么正确做好记录？

二、例文鉴赏

【例文1】（表3-4-1）

表3-4-1　去电记录单

收电单位			收电人姓名	
收电号码			去电人姓名	
去电时间				
内容				
备注				

【例文 2】（表 3-4-2）

表 3-4-2　来电记录单

来电单位		来电人姓名	
来电号码		接电人姓名	
来电时间			
内容			
处理结果			

三、必备知识

（一）电话记录的含义

除了一般的事务性联系之外，凡内容比较重要的电话，应当由通话人作出记录，以备日后查考。对于这种电话记录，应当看作是机关公务文书的一种，按照它的工作内容定期整理归档保存。

（二）电话记录的类型

1. 去电记录
2. 来电记录

（三）电话记录的写作格式

1. 标题
（1）直接标明电话记录即可
（2）在电话记录前加上内容
2. 正文（可设计成表格）
（1）去电记录一般应包括的内容
去电记录一般应包括收电单位、收电人姓名（或加上职务）、收电号码、去电人姓名（或加上职务）、去电时间、通话内容。

（2）来电记录一般由两部分内容组成

① 第一部分一般应包括来电单位、来电人姓名（或加上职务）、来电号码、接电人姓名（或加上职务）、来电时间、通话内容。

② 第二部分是处理内容部分，即将电话记录交有关人员处理的情况，包括拟办意见、领导批示、办理结果、承办人和承办时间等。此项内容在受话完毕后才能填写。

（四）电话记录的基本要求

电话记录的基本要求是一要记清，二要核准。为此，具体要做好以下三点：

1. 询问并写明对方单位、身份、姓名和电话、传真号码，以便联系

对重要事件，待电话记录完毕后，还要设法核实对方身份，防止坏人利用电话行骗。

2. 电话内容的记录，应按发话人的话逐一记录

若内容项目较多，应分项分段记录，以显示内容层次和项目区分。

3. 记录完毕要复述、校对

重要电话在记录完毕后，应要求对方再复述一遍（或自己主动复述一遍），进行校对，必要时应使用录音机把电话内容全部录下来，以防止出现错漏或备作凭证。

四、写作训练

参考答案

请修改下面的来电记录单，如表 3-4-3 所示。

表 3-4-3　来电记录单

来电单位	总经理公司	来电人姓名	刘××
来电号码	13535678779	接电人姓名	李××
来电时间	2021年5月16日14:30		
内容 2021年5月16日星期一，总经理来分公司视察，请王经理做好安排。			
处理结果	已传达。		

单元五　会议记录

学习目标

1. 了解会议记录的种类；
2. 掌握会议记录的写作方法。

预期成果

能熟练掌握写作会议记录的技能，撰写格式规范、结构完整、要素齐全的会议记录。

一、模拟任务

你正在参加一场单位范围内正式举办的会议，请为会议做规范的会议记录。

二、例文鉴赏

【例文1】

××区干部培训中心第×次办公室会议记录

时间：2021年3月4日 14:30—17:00
地点：培训大楼第×会议室
出席人：刘××（办公室主任）、杨××（教务长）、张××（办公室副主任）、吴××（办公室秘书）及各培训部主要负责人
缺席人：王××、张××（外出开会）
主持人：刘××（主任）
记录：吴××（办公室秘书）
主要议题：××××××××××××××××

一、报告
（一）杨××报告中心基本建设进展情况。（略）

（二）主持人传达区人民政府《关于压缩行政经费的通知》（以下简称《通知》）。（略）

二、讨论

我中心如何按照区人民政府《通知》的精神抓好行政经费的合理开支，切实做到既勤俭节约，又不影响正常的培训教学、科研等活动的开展。

三、决议

（一）利用两个半天时间（具体时间由各培训部自己安排，但必须安排在本周内）组织有关人员集中传达学习《通知》精神，提高认识，统一思想。

（二）各培训部负责人在认真学习的基础上，利用下周政治学习时间向群众传达、宣讲。

（三）各培训部责成有关人员根据《通知》的压缩指标，重新审查和修改本年度行政经费开支预算，并于两周内报主任办公室。

（四）各培训部必须严格控制派出参加外地会议及外出学习人员的人数，财务科更要严格把关。

（五）利用学习和贯彻《通知》精神的机会，对全中心员工普遍开展一次勤俭节约、艰苦朴素的传统教育。

散会。

记录人：（签名）
主持人：（签名）
审阅：（签名）（负责领导）
2021 年 3 月 4 日

【例文 2】

大学生主题班会会议记录

会议时间：2021 年 12 月 20 日

会议地点：1A205

出席人员：××班全体同学

缺席人员：无

主持人：谢明飞

记录人：王瑞阳

班会内容：

1. 由班长谢明飞宣布这次班会的主题。

这次我们班会的主题是"诚信考试"。的确，又到了期末，这个话题是大家年年讨论的话题，为了将学校诚信考试的要求灌输给大家，让大家能够踏踏实实地考试，我们召开这次班会。希望大家各抒己见，踊跃发言。

2. 由团支书赵林同学宣读《××农专林学系关于对考试违纪和作弊学生处理的暂行规定》。

团支书赵林同学进一步阐述了这次主题班会的目的和意义：在期末考试来临之际，为配合学校、院系关于加强考风考纪的工作，教育同学们做诚信大学生。

3. 同学探讨如何正确理解诚信考试？

谢明飞：诚信考试能够得到别人的尊重，主张同学们认真复习，诚信考试，而不是弄虚作假、在考试中作弊。诚信是处理个人与社会、个人与个人之间相互关系的基本道德规范。

诚信是立身的根本，人无信则不立。

  王瑞阳：在考前要做好准备，才会有好的心态面对考试，考试只是检验自己学习过程的手段，诚信考试是我们的责任，是保证公平公正的平台。作为一名预备党员，我更要带好头，真正起到先锋作用。

  赵林：诚信包括诚和信两个方面。诚是讲诚实、诚恳。诚实，指言行与内心思想一致，不虚假；信是讲信用、信任。讲信用，指信守诺言，说到做到，不失信。诚信是做人的美德，一个人若失去了诚信，就像一个没有灵魂的人，同学们要诚信面对考试，诚信面对生活，为学校的学风建设作出努力。

  张慧娟：不能光是喊出了诚信考试的口号，而是要以实际行动表现出来，做到实际的、真实可见的诚信。

  刘智翔：考试的方式越来越多，但唯一不变的就是——诚信考试的要求和规则。

  庞明钦：作弊会付出沉痛的代价，有些错误可以改正，但是在考试中作弊是无法弥补的错误。没有诚信的人，会被社会抛弃，诚信是我们共同的责任。

  赵雯：诚信是一种做人的原则，诚信是一种人生境界，是一个高品位的人终生最弥足珍贵的精神财富。诚信考试，是实事求是的表现，是表里如一，是尊重生活、尊重知识的表现。

  范睁睁：诚信是做人之本，我们应该从生活中的点点滴滴做起，树诚信之新风，拥有诚信者，走遍天下无所顾忌，幸福和成功随时随地会降临。

  4. 由学习委员王晓慧同学宣读《诚信考试倡议书》。

  5. 由班长谢明飞同学作总结。

  这次班会，达到了我们的预期目标。同学们积极发言，都认识到诚信对于人生的重要性，诚信是做人的一种品质，是个人成就事业的根基。要培养诚信的良好道德品质，就要从身边的每一件小事做起，当下来说，就是要诚信考试，不作弊，也不帮助他人作弊。应该做到诚实、诚恳，实事求是，重信用，守承诺。相信大家都会在今后的生活和工作当中，做到诚信行事，作一名合格的大学生！最后，预祝大家在这次期末能够取得理想的成绩！

  6. 由主持人谢明飞同学组织全班同学在《诚信考试承诺书》上签名。

记录人：（签名）

主持人：（签名）

2021 年 12 月 20 日

三、必备知识

（一）会议记录的概念

  会议记录是在召开会议的过程中，由专门的人员如实地记录会议的基本情况、与会代表发言内容和会议决定事项的一种应用文体。会议记录是帮助我们今后了解情况，进一步研究工作、总结经验的重要材料。

  记有略记与详记之别。

  略记是记会议大要，会议上的重要或主要言论。

  详记则要求记录的项目必须完备，记录的言论必须详细完整。若需要留下包括上述内容的会议记录，则要靠录。录有笔录、音录和像录几种，对会议记录而言，音录、像录通常只是手段，最终还要将录下的内容还原成文字。笔录也常常要借助音录、像录，以最大限度地再现会议情境。

（二）会议记录的特点

1. 依附性
依附于会议和会议言论。

2. 真实性
必须客观、真实、准确、全面地记录会议过程和会议内容，绝不允许以任何方式在记录中掺入记录人员的言论或倾向。

3. 完整性
详细记下会议名称（要写全称），会议时间、地点，会议主持人，出席会议应到和实到人数，缺席、迟到或早退人数及其姓名、职务，记录者姓名。重点记录会议上的发言，还有其他会议动态，如发言中的插话、笑声、掌声，临时中断以及别的重要的会场情况等，也应予以记录。

4. 备考性
会议记录方便向上汇报和向下通报，必要时可作查阅之用。

（三）会议记录的作用

会议记录是会议文件和其他公文形成的基础。会议记录的作用主要有三种：
① 可以根据记录的内容，起草、修改有关文件，上传下达会议精神，或撰写会议简报和会议新闻。
② 领导据此督促会议各项决议事项的执行情况。
③ 立卷归档，以供参考、研究或编写材料。

（四）会议记录的种类

按会议性质分，有办公会议记录、专题会议记录、联席会议记录、座谈会议记录等。

（五）会议记录的写作格式与方法

1. 会议记录的基本内容
会议记录的基本内容可分为两大部分：会议的组织情况和会议的内容。
（1）会议的组织情况
① 会议名称。
② 会议时间。
③ 会议地点。
④ 出席人/缺席人。
⑤ 列席人，一般注明列席人数即可。
⑥ 主持人，即主持会议的领导的姓名，注明职务。
⑦ 记录人，即记录者的姓名。

（2）会议的内容

会议的内容是会议记录的核心部分，主要有以下几项：

① 议项，即议项的主题，应载于记录页面的中心位置，前面可以加序号，使记录层次分明、醒目，便于查找。

② 会议发言，记录发言人姓名和发言内容。

③ 议决结果，一般由主持人加以系统归纳，应逐字逐句记录。与会者无异议时，应随即写上"一致同意"或"一致通过"。有持异议者，必须详细记录不同意见，有弃权者，也应如实记录。

④ 会议结束，记录完毕，要另起一行写"散会"二字，如中途休会，要写明"休会"字样。

⑤ 必要时，会议主持人和记录者在右下方签名，以示负责。

2. 会议记录的重点

① 会议中心议题以及围绕中心议题展开的有关活动。

② 会议讨论、争论的焦点及各方的主要见解。

③ 权威人士或代表人物的言论。

④ 会议开始时的定调性言论和结束前的总结性言论。

⑤ 会议已议决或议而未决的事项。

⑥ 对会议产生较大影响的其他言论或活动。

（六）会议纪要与会议记录的区别

1. 性质不同

会议记录是讨论发言的实录，不是行政公文，是书面材料，属事务文书。

会议纪要是用于记载、传达会议情况和议定事项的公文。

2. 功能不同

会议记录是会议的实录，反映会议的全貌。要求对会议作详细完整的记录。会议记录是当事人记录会议情况以供备查的一种文体。

会议纪要是对会议记录的分析、归纳和筛选。

3. 处理方式不同

会议记录一般不公开，无须传达或传阅，只作资料存档。

会议纪要通常要在一定范围内传达或传阅，要求贯彻执行。

四、写作训练

1. 指出下文中存在的主要问题

参考答案

××公司会议记录

时间：2021年3月8日

地点：会议室

出席：赵×× 白×× 于×× 刘×× 郑×× 刘××

记录人：刘××

主持人：赵××

首先由赵××发言。接着进行了两项内容：第一项是讨论了劳动节慰问金发放问题。第二项是谈论了对违反劳动纪律的职工的处理问题。

散会。

2. 为班级召开的主题班会拟写一份会议记录

单元六　竞聘词

学习目标

1. 了解竞聘词的类型；
2. 掌握竞聘词的写作方法。

预期成果

能掌握写作竞聘词的技能，撰写格式规范、结构完整、富有激情和感染力的竞聘词。

一、模拟任务

你将要竞选某某学生社团的××职务，请准备一篇竞聘词。

二、例文鉴赏

【例文1】

外勤主任竞聘词

尊敬的各位领导、同事：

大家好！我叫××，现年25岁，中共党员，毕业于××大学。感谢领导给我这次机会让我应对机遇，迎接挑战。

在参加工作近一年半的时间里，我不断学习、实践，自己的理论水平、业务技能得到了明显提高。我竞聘外勤主任的优势有以下三点：

一是我有严于律己、诚信为本的工作作风。我信奉诚实待人的处世之道。始终以老老实实做人、勤勤恳恳做事为信条，严格要求自己，尊敬领导，团结同事。在工作中，廉洁自律，与客户既做知心朋友，又保持必要的距离，为人处事的作风得到领导和同事的充分肯定。

二是我工作潜力强。在近两年的工作里，我用心主动，始终坚持学以致用的原则，努力把学到的知识应用到实际工作中去，取得了较好的成绩。在领导、同事的帮忙下，开拓思路，

用心探索收回不良贷款的有效方法。一年半的时间收回贷款 420 万元，占前任客户经理放贷额的 50%；参加清收竞赛，清收不良贷款及利息共计 68.3 万元。

三是我综合协调潜力高。我在大学担任了四年学生会主席，参加工作后更加注重社会经验的积累。认真领会外联社对各项工作任务的要求，争取工作主动性，使自己在学好业务做好本职工作的同时，能较好地处理各种业务及关系。

如果我有幸竞争到这个岗位，我将在以下两个方面作出努力：

1. 加强对客户经理工作热情及职责感的培养。信贷资金是辖区人民的血汗钱，用好、管好信贷资金是每一位客户经理义不容辞的职责。因此，我要求大家时刻树立以顾客为本的思想，认真解决顾客遇到的困难和问题，树立良好的形象，赢得顾客的青睐。增强团队意识，提高整体凝聚力，在队伍内部构成个人利益服从群众利益的良好工作氛围，使大家能够愉快地开展工作，激发内在潜力，释放出更大的工作能量与热情。

2. 规范信贷运作。首先加强贷前调查，其次将我们的工作管理制度化、服务优质化、工作效率化。确保我们各项工作更上一层楼。

无论竞聘成功与否，我都会以更加饱满的热情、扎实的工作、务实的作风，提高自身素质，在自己的岗位上作出更大的贡献。

谢谢大家！

竞聘者：×××

【例文 2】

教师竞聘演讲

尊敬的各位领导、老师：

大家上午好！我叫×××，现任二年级英语教师及英语教研组组长。我今天来竞聘××年级英语教师的岗位。非常感谢学校领导给了我向大家介绍自己、接受检验和挑战的机会。我将客观地说明我自己所具备的应聘能力，全面地论述我对于做好英语教学工作的总体思路和具体措施，并且，将心悦诚服地接受各位领导和老师的评判。（有节略）

我觉得，我竞聘英语教师有如下几个优势和条件：

1. 有良好的师德。（以下略）
2. 有较高的专业水平。（以下略）
3. 有较强的教学能力。（以下略）
4. 有突出的工作业绩。（以下略）

以上所述情况，是我竞聘英语教师的优势条件，假如我有幸竞聘上岗，这些优势条件将有助于我更好地开展英语教学工作。我将从以下几个方面开展工作：

1. 做一个勤奋型的教师。（以下略）
2. 做一个科研型的教师。（以下略）
3. 做一个理念新的教师。（以下略）
4. 做一个富有爱心的教师。（以下略）

"路漫漫其修远兮，吾将上下而求索。"永远难忘的七年，品味了酸甜苦辣，感受了喜怒哀乐，而得到最多的是快乐，我享受了从未有过的快乐——为人师的快乐。

做教师，我无悔！谢谢！

（资料来源：《新编应用文写作实用教程》项目21）

三、必备知识

（一）竞聘词的概念

竞聘词，又叫竞聘演讲稿，或叫竞聘讲话稿。它是竞聘者为谋取某一职务而在特定的会议上，面对特定的听众所发表的用以阐述竞聘的优势及被聘用后的工作设想和打算的演说文稿。大至竞选总统，小到竞聘上岗，都要用这种讲话稿。在我国，随着竞争上岗的普遍实行，竞聘词的写作越来越显得重要。

（二）竞聘词的特点

1. 自评自荐性

竞聘者在演讲中介绍自己参与竞聘的缘由，并对自己的经历、能力、性格和优势作出自我推介和评价。

2. 目标指向性

竞聘词的内容从主旨到材料，都要为实现成功受聘服务，表达志在被聘的意愿。

3. 希冀认同性

竞聘者希望，假如竞聘成功，自己的施政方略和本人都能得到听众的认同，得到大家的支持。

（三）竞聘词的类型

1. 技术岗位竞聘词

技术岗位竞聘词是指竞聘的岗位技术含量高，重在表述自己的技术能力和推进技术工作方略的竞聘词。

2. 行政职务岗位竞聘词

行政职务岗位竞聘词是指竞聘的岗位属于行政岗位，重在表述自己的行政能力和施政方略的竞聘词。

（四）竞聘词的结构与写法

1. 标题

（1）直接标明

如《竞聘××职务的演讲稿》。

（2）采用正副标题的形式

正标题说明自己的打算、设想等，副标题标明竞聘的职务，如《以创新意识办好21世纪金融事业——竞聘××支行行长一职》。

2. 称谓

称谓是对招聘单位或招聘人员的称呼，写在开篇第一行顶格。如"尊敬的××单位领导、同志们""各位领导、各位同行"等。竞聘词的称谓要得体亲切、情绪饱满。

3. 正文

竞聘词的正文一般包括开头、主体和结束语三部分。

（1）开头

开头基本上有如下几种写法：

① 用礼节性的话语作导言。

② 单刀直入，开门见山。

③ 结合现实情况或形势，围绕某一中心引入竞聘演说。

（2）主体

① 竞聘人基本情况（个人简况）。

简要介绍竞聘者的基本情况，包括姓名、年龄、政治面貌、文化程度、现任职务、职称、工作简历等，可根据实际安排详略，不必面面俱到。

② 对竞选岗位的认识。

③ 竞聘理由和资格（竞聘条件）。

④ 被聘后的设想和打算（施政方略）。

主要写竞聘者所设想的被聘后对所任职务的工作目标及措施。

（3）结束语

这部分是主体内容的自然延伸，一般用来表明竞聘者的态度（竞聘成功或不成功的态度）或希望听众支持自己（投票请求）以及向听众致谢等。这部分要写得简明扼要、自然贴切、意尽言止。

4. 落款

落款写"竞聘者×××"，也可以不落款。

（五）注意事项

（1）目标的明确性

（2）内容的竞争性

（3）主题的集中性

（4）措施的条理性

（5）语言的口语化

（6）控制篇幅（根据竞聘演讲的时长要求）

四、写作训练

1. 请修改下面的竞聘词框架

参考答案

竞 聘 词

同志们好！首先感激各位领导的支持与帮忙，也感激各位同事对我的关怀，因为你们的信任与支持，才有我站在台上的机会，衷心地向你们说一句"多谢"！

今日我要竞聘的岗位是客户经理，我觉得自己非常适合这个岗位。请大家支持我。

入职三年以来，我主要从事的岗位是银行前台柜员。这一份工作为我担任客户经理积累了丰富的经验。

我是××财经大学金融学硕士毕业，专业知识扎实，专业能力强，这为我担任客户经理打下了坚实的基础。

我今年28岁，年轻，对工作充满激情，未婚，没有家庭的拖累，可以为公司加班加点工作，没有后顾之忧。

我的演讲完毕，多谢大家！

2. 写一篇竞聘词

假如你要竞选××学生干部职务或者竞聘××工作岗位，请准备一篇竞聘词。

单元七　汇报提纲

学习目标

1. 了解汇报提纲的种类；
2. 掌握汇报提纲的结构与写法。

预期成果

能掌握写作汇报提纲的技能，撰写格式规范、结构完整、要素齐全的汇报提纲。

一、模拟任务

假如你是××市××单位主持人事工作的干部，请写一份汇报工作的提纲。

二、例文鉴赏

【例文】

人才工作汇报提纲

一、现有做法

一是树品牌。"××××"三大引才计划引进海内外高层次创新创业人才×××人。

二是抢先机。"国字号"××××去年获批当年受益。

三是求突破。首届"××××"活动脱颖而出。

四是抓特色。"××××"工程培训企业人才××人次。

五是强引力。"××××办法"带来月增××人的"蝴蝶效应"。

六是建高地。全市人才队伍量质同升。

以上成绩的取得，要归功于市委、市政府的坚强领导，归功于市委组织部的统筹协调，归功于市直相关部门和县区的鼎力支持。

经验主要有以下几个方面：

一是机制灵活。(详情略)
二是重点突出。(详情略)
三是保障有力。(详情略)
四是责任到位。(详情略)

二、当前想法

总体想法体现在"4341"思路上,即"确立四大理念、实施三项计划、搭建四大引育平台、出台'1+N'人才新政",战略上的目的是用好现有人才、引进急需人才、稳定关键人才、培养未来人才。

一是确立"四大理念":

第一,"鲜花盛开,蜂蝶自来"的理念。

第二,"千军易得,一将难求"的理念。

第三,"不求所有,但求所用"的理念。

第四,"春风十里,不如有你"的理念。

二是实施"三项计划"(即"双万、双千、双百"人才计划):

第一项,"双万人才"引进计划。

第二项,"双千人才"特支计划。

第三项,"双百人才"激励计划。

三是搭建"四大引育平台"。

四是出台"1+N"人才新政。

三、操作办法

一是成立"市组主抓"的市人才工作局。

二是建立"人才主体"的落户、购房、子女入学、社保衔接等一系列服务机制。

三是创立"政府主导"的人才发展基金。

四是确立"党政主责"的考核办法。

××单位××
××××年××月××日

三、必备知识

(一)汇报提纲的含义和特点

1. 汇报提纲的含义

汇报提纲的内容主要是反映某项工作在一定阶段的进展情况,或者是贯彻执行某项政策、法令、指示的情况。汇报提纲是汇报工作时所使用的大纲,与工作报告类似。汇报提纲并非仅用于向上级汇报,还常常用于向群众汇报。如《向中组部汇报提纲》《向×××总理汇报提纲》《××法院向人民群众汇报工作提纲》等。

汇报提纲可以是以机关名义拟定,也可以是以个人名义拟定;可以是书面形式,也可以是口头形式,因事、因情、因境制宜。

2. 汇报提纲的特点

它的特点是观点鲜明、重点突出、条理清晰、事情确实、有说服力。

（二）汇报提纲的种类

常见的汇报提纲有三种：

① 用于向前来视察、检查工作的上级领导汇报；
② 主动向上级领导全面汇报工作或定期向直接上级书面汇报工作；
③ 就某一项重点工作向上级领导汇报，以求解决的方案。

（三）汇报提纲的结构写法

汇报提纲包括标题、正文、落款三个部分。

1. 标题

一般有三种书写方式：

（1）事由加文种

例如《××××股份有限公司关于未来几年企业发展的汇报提纲》。

（2）听取汇报对象（机关或个人或会议）加文种

例如《向人事部的汇报提纲》。

（3）经验总结式的标题

例如《着手当前　抢抓机遇　推进专业厂改制
　　　　放眼未来　谋求发展　争做行业小巨人
　　　　——关于为完成股份公司全年目标而奋斗的情况汇报》

2. 正文

首先对所进行的工作进行概括性地总结，然后阐述其主要成绩、存在的问题和采取的措施及办法。这是汇报提纲的核心、重点、关键。汇报提纲的内容包括工作情况、经验体会、问题教训、今后打算，以及需要上级领导帮助解决的一些问题和建议。

写汇报提纲的目的是让上级了解情况，因此，在汇报中不要作过于详细的叙述。向本系统以外领导汇报，一般还有必要先简要介绍一下本机关（或企事业或群众团体）概况。

汇报提纲的写作一定要注意重点突出，针对性强。要根据汇报对象写作，言简意赅，直接切入重点，切忌泛泛而谈，不着边际。

如：

从××××年××月××日扬子乙烯工程开工至今已近两年。两年来，在国家×委、江苏省、化工部、中国石化总公司和南京市的领导下，在各有关部门和单位的大力支持下，经过全体建设人员的艰苦努力，工程有较大的进展。

当前，建设正处于关键时刻。一阶段工程已进入安装高潮，要求在今年（××××年）年底基本具备单体试车和联动试车的条件；二阶段工程即将开工建设，与一阶段工程交叉进行。召开这次领导小组会议，检查上一次领导小组《会议纪要》执行情况，研究确保"××·×"化工投料试车的措施，解决当前工程建设中急需解决的问题，部署二阶段工程建设，是非常必要的。

....

（资料来源：《扬子石油化工公司经理向扬子乙烯工程领导小组第三次会议汇报提纲》）。

第一自然段用了仅 100 字简明交待了两个情况：扬子乙烯工程开工已近两年、在各方的领导和支持下工程有较大的进展。第二自然段用了 150 多字说明了两个情况：工程建设正处于关键时刻、召开这次会议非常必要。

　　这里既包括背景情况介绍、关键时刻的严峻局面，又涵盖了上级领导机关提出的"检查执行情况""研究确保措施""解决急需解决的问题""部署二阶段工程建设"四方面要求，从而引出所汇报的五个问题（略），只用了 255 字，可谓高度概括，精练之极。

3. 落款

署名、日期有写在正文右下方的，也有直接写在标题之下的。

四、写作训练

你是学校学生会主席，请写一份向老师汇报工作的汇报提纲。

参考答案

单元八　领导讲话稿

学习目标

1. 明确领导讲话稿的类型；
2. 掌握领导讲话稿的结构与写法。

预期成果

能够根据实际情况撰写格式规范、结构完整、内容合适、表述正确的领导讲话稿。

一、模拟任务

劳动节马上就要到了。单位领导将在"五一"表彰大会上发言。请你草拟一份发言稿。

二、例文鉴赏

【例文1】

公司领导新年开工致辞

各位同仁：

  大家好！

  伴随着新年钟声的敲响，历史的车轮驶入了牛年！新年伊始的长假，带给我们难得的放松，带来亲人的团聚，也带去我们送给亲朋好友的真挚祝福，令人沉醉、令人回味。

  在度过了一个欢乐、祥和的春节假期后，我们再次回到工作岗位，大年初八早上9:18，随着响亮的鞭炮声，工业园各位领导齐聚园区大门口，共同启动开工仪式并大派开门红包。一个个红通通的大红包不仅意寓着喜庆、吉利，同时也代表着公司对所有员工在新年里的一份祝福和关怀！祝愿我们在新的一年里以更加饱满的热情、更加扎实的作风、更加得力的措施，全身心地投入工作中，为完成新的一年各项工作开好头、起好步！

  我们送走了不平凡的××××年，来之不易的成绩已经成为过去。一年之计在于春，现

单元八 　领导讲话稿

在最重要的是做好新年的各项工作，努力完成今年各项目标任务，推动工业园各中心工作再上新台阶。

展望××××年，机遇与挑战并存。虽然在全球经济形势不景气的大背景下，我们工作的要求会更高、难度会更大、任务也更重。但只要我们发挥团队的力量，齐心协力，每个同事都以更加饱满的热情投入工作中，完成今年的工作任务，相信绝不会是一纸空谈。

牛年已经来到，我们除了要继续发扬兢兢业业、一丝不苟的精神，脚踏实地，忠实履行岗位职责外，还要像牛一样以理性的思考、敏捷的行动，灵活应对内外部环境的变化，以更加优异的成绩迎接新的起点！

谢谢大家！

【例文2】

逸马企业领导讲话稿

亲爱的伙伴们：

骏马不停止奔跑，才能到达千里；苍鹰不停止飞翔，才能飞跃巅峰；逸马不停止战斗，才能创造奇迹。八年磨砺，八年拼搏，从创业期、培育期到扩张期一路走来，此刻逸马即将跨入腾飞期。这是我们不断战胜挫折、冲破重重障碍的八年，是我们坚定不移、取得无数突破的八年，更是逸马人脚踏实地、齐心奋战的八年。纵观中国，逸马在连锁产业咨询领域内独占鳌头，视野之内难寻敌手；放眼中原，逸马更已跨入企业管理咨询培训产业第一集团的行列，发展势头锐不可当。逸马之急速发展，是我们奋斗得来的成就，是我们当之无愧的骄傲！

然而，当前中国管理咨询培训行业局势多变、风云不断，既有契机，亦不乏挑战。再辉煌的成就也已过去，开创连锁霸业先河的梦想却远未实现！当此之际，作为身负"以产业报国为使命，为中国连锁企业走向世界而奋斗"的逸马人，让我们郑重其事地自问一句："腾飞期即将到来，我们准备好了吗？"

今天，且以8个字与大家共勉：脚踏实地，努力拼搏！所有成就和荣光，必从拼搏中得来。脚踏实地，才能步步为赢；努力拼搏，方显逸马本色。在腾飞期即将到来之际，借此发出我们的宣言，伙伴们，是时候进一步行动起来了！

锻造强大内心，誓做"问题终结者"。

市场冷淡，销售艰难，有人动摇了；客户要求日益严苛，有人退缩了；队伍扩大，沟通渐繁，有人焦虑了；理想规划目标不明，有人徘徊了。这都是发展过程中的阵痛。然而痛过之后，我们仍得披挂上阵，应对一切困难与问题！宝剑锋从磨砺出，梅花香自苦寒来。任何事物的发展，都会面临不断出现的新问题，然而无论什么问题，都难不倒我们逸马人。自公司创立以来，逸马跨越了无数障碍，经受过严峻考验，正是这股王者霸气和强大内心，鼓舞我们不断战胜一次次困难，攀登一个个高峰，打下这片天下。逸马人一贯主张为问题而生，从来不曾有半步退却，从来不曾有丝毫犹豫！过去没有，此刻没有，将来也不会！

历史性的变革就在当下，能否在这变革之际高擎逸马大旗，立于不败之地，登上潮流之巅，一切就看我们的行动。伙伴们，让我们丢弃不必要的焦虑，抛开剩余的杂念，锻造起强大的内心来，誓做"问题终结者"，而不是"传递者"或"旁观者"！遍寻中原，连锁天下，试问谁能称雄？我们应当有舍我其谁的气概，应当有百折不挠的信念，应当有绝不屈服的意志，笑对行业风云，奋力开创历史！

杜绝空喊口号，脚踏实地奋斗！连锁企业承前启后的发展契机已经到来，逸马腾飞就在今朝。逸马人绝不甘于平庸，我们将秉承产业报国的精神，坚持承担更大社会职责的信念，坚定推动连锁产业走向世界的使命，将逸马打造成中国乃至全球商业服务的第一品牌，打造成商业服务产业第一集团的第一企业，推动连锁产业发展，推动商业文明进步。

逸马绝不做历史的跟风者，而要做历史的开创者。抛开过去的艰辛与荣耀，杜绝沾沾自喜或浮躁心态，让我们理性思考，镇定应对，做好当下，放眼未来！历史的开创者将面临难以预知的苦痛艰难，也将经历不为人知的孤独寂寞，但我们能经受，因为我们是逸马人。

我们需要口号来激励士气，更需要行动来保障结果。结果不在其他地方，就来自我们脚踏实地的奋斗。营销系统是我们冲锋陷阵的先头部队，你们的勇猛气概将为自己赢得荣光；咨询系统是我们决战天下的主力军，你们的敬业精神将为自己赢得尊崇；职能系统是我们投身战斗的强大后勤保障，你们的忘我付出将为自己赢得感恩……还有更多部门、更多人员，你们都是逸马前进旅程中缺一不可的推动力！

每一个逸马人都责无旁贷，都是我们开创历史的星星之火，聚集成燎原之势；都是我们创造奇迹的涓涓细水，汇集成滚滚波涛。呐喊的口号会消逝，历史却会见证我们脚踏实地的奋斗！

谢谢大家！

（资料来源：百度文库 baidu.com）

三、必备知识

（一）领导讲话稿的含义

领导讲话稿（以下简称领导讲话）是狭义的讲话稿，是领导在各种会议上发表带有宣传、指示、总结性质讲话的文稿。

领导讲话稿是领导者在会议上所作的指示性发言，是各级领导同志发表政见、部署工作的有效形式。

（二）领导讲话稿的特点

1. 政策性
2. 准确性、真实性
3. 逻辑性（条理性）
4. 口语化、易表达

（三）领导讲话稿的类型

领导讲话稿有以下几种：

1. 党代会、人代会等代表大会的报告

内容一般是对上一届或上一次会议以来工作情况的回顾总结和对今后工作的部署。要求内容全面，表述严谨、庄重。

2. 会议开幕词

会议开幕词一般在比较隆重的大型会议上使用。内容主要是讲明会议的目的、意义，要

单元八　领导讲话稿

富有启示性、鼓舞性。

3. 会议闭幕词或会议总结讲话稿

主要是总结会议的收获，要求贯彻落实会议精神，要富有号召性。

4. 工作会议讲话稿

（四）领导讲话稿的结构和写法

一般来讲，领导讲话稿可分为三个部分，即标题、称谓、正文。

1. 标题

由"领导职务姓名+会议（或活动）名称+文种"组成，如"公司董事长×××在×××会上的致辞（讲话）"，或直接写文种。

2. 称谓

领导讲话稿称谓要根据会议（或活动）的性质和出席会议的人员来确定，一般用泛称，顶格书写，后面加冒号。称呼的选用要涵盖全体人员，不能遗漏。也可以在称呼后面再加上礼节性的问候，如"大家好""下午好"。

3. 正文

1）导言

导言是文章的先导语言，是讲话稿的开头，类似于新闻报道中的导语。其内容可以是全文提要，也可以是概括介绍。一般介绍会议的性质、背景、主题、任务、形式、程序、目的以及方法步骤等。这段文字尽管在整个报告中分量不大，但颇为重要。它既是标题及事由的承接，又是主体内容展开的序幕，对全文起着提纲挈领的作用。

2）主体

主体部分是领导讲话的核心，可分为上级指示精神（或形势）和本地工作部署两个部分。上级指示精神（或形势）主要包括会议的性质和概况、对当前形势的最新看法、对某种工作的评价和估量、对下级工作的指示和要求。传达上级指示精神应坚持详尽的原则，该写的一定要写清楚。本地工作部署，主要包括的内容有本地区在全局范围内所处的位置、过去工作积累的经验、当前的有利条件、落实上级机关或领导指示精神的举措、总结评比和奖惩办法。进行工作部署是落实上级指示精神的关键环节，要注意必要性和可能性的有机结合，注意全局利益与局部利益的有机协调。安排上级指示精神与本地工作部署所占篇幅时，应注意两点：当领导讲话的重点是传达精神时，上级指示精神所占篇幅要长；当领导讲话的重点是部署工作时，则本地工作部署所占篇幅要长。

（1）主体的主要内容

① 宣讲政策，传达上级精神。

② 分析形势，讲道理。

③ 总结、部署工作。

④ 给下属提要求。

（2）主体内容以形式逻辑可概括为三段论

① 为什么干？如上级要求、形势使然等。

② 干什么？如业务内容。

③ 怎么干？即教办法、提建议。

3）结尾

结尾是领导讲话的收尾部分，一般表明讲话人对会议的看法、希望和祝愿，是对全篇讲话内容的总结、概括和升华。领导讲话的结尾通常可分为升华主题和祝愿会议两个部分。

升华主题所起的作用是强调前面的讲话内容，把会议的气氛推向高潮，其形式有五种：

（1）总结式

对全文进行总结概括，起强调作用。

（2）召唤式

向参加会议的同志或一定范围内的同志发出号召。

（3）预测式

对某项工作的完成情况作出分析与预测。

（4）希望式

对会议或某项工作寄予希望。

（5）鼓舞式

为完成某项重要工作任务而鼓劲加油。

祝愿会议所起的作用是表明对会议的态度，常用的祝词有"预祝大会圆满成功""祝各位代表身体健康"等。

（五）领导讲话稿的注意事项

1. 查阅文件，吃透精神

对上级机关下发的正式文件和上级领导作出的重要讲话，要认真阅读，细心研究，把握要点，吃透精神。只有这样，才能使所撰写的领导讲话稿体现上级文件精神，符合上级政策规定。

2. 深入调查，摸清情况

要写好领导讲话稿，就要熟悉基本的和全面的情况。只有深入细致地调查，才能得到准确的情况。

3. 研究消化，提炼升华

对调查获得的材料进行梳理筛选，去粗取精，去伪存真，再经过理性的分析研究，使零乱松散的素材达到凝练升华的高度，形成一个鲜明的主题。

4. 征求意见，罗列提纲

5. 挥笔疾书，一气呵成

6. 字斟句酌，严审细核

7. 要注意提炼领导讲话稿的观点

（1）观点要正确

符合"上情""下情"。

（2）观点要响亮

即朗朗上口。

（3）观点要修饰

如紧跟形势，运用排比、诗词典故等。

四、写作训练

1. 请修改下面的讲话稿

在《华夏时报》五周年盛典上的讲话

参考答案

同志们好。

今天《华夏时报》成立五周年。我们欢聚一堂,共同庆祝这个好日子。也祝今天的庆典能够举办成功。

五年来,《华夏时报》取得了长足的进步,在业内的影响力越来越大,也创造了越来越多的财富。这值得我们骄傲。

但是,《华夏时报》应该有一个永不满足、永攀高峰的心态,虽然五年已经获得了一定的成功,但是如果与世界著名的财经媒体相比,哪怕是与中国最优秀的财经媒体相比,也还有一定的距离。大家也知道万达集团目前所从事的所有的行业:商业地产、高级酒店、文化产业、零售,每个行业差不多都是在中国的同行与世界同行业中占有重要的地位。

我就说到这里,大家吃好喝好。

2. 拟写一份讲话稿

假如你的领导将在公司年会上致辞,请为其拟写一份讲话稿。

单元九　调查报告

1. 了解调查报告的种类；
2. 掌握调查报告的结构与写法。

能熟练掌握写作调查报告的技能，撰写格式规范、结构完整、内容充实的调查报告。

一、模拟任务

对××市居民家庭饮食消费状况进行调查，然后完成一份调查报告。

二、例文鉴赏

【例文1】

××市居民家庭饮食消费状况调查报告

为了深入了解本市居民家庭在酒类市场及餐饮类市场的消费情况，特进行此次调查。调查由本市××大学承担，调查时间是20××年7月至8月，调查方式为问卷式访问调查，本次调查选取的样本总数是2 000户。各项调查工作结束后，该大学将调查内容予以总结，其调查报告如下：

一、调查对象的基本情况

（一）样品类属情况

样本户有效率达到92.67%，在有效样本户中，工人320户，占总数比例18.2%；农民130户，占总数比例7.4%；教师200户，占总数比例11.4%；机关干部190户，占总数比例10.8%；个体户220户，占总数比例12.5%；经理150户，占总数比例8.52%；科研人员50户，占总数比例2.84%；待业户90户，占总数比例5.1%；医生20户，占总数比例1.14%；

其他 260 户，占总数比例 14.77%。

（二）家庭收入情况

本次调查结果显示，从本市总的消费水平来看，相当一部分居民还达不到小康水平。因此，可以初步得出结论，本市总的消费水平较低，商家在定价的时候要特别慎重。

二、专门调查部分

（一）酒类产品的消费情况

1. 白酒比红酒消费量大

分析其原因，一是白酒除了顾客自己消费以外，用于送礼的较多，而红酒主要用于自己消费；二是商家做广告也多数是白酒广告，红酒的广告很少。这直接导致白酒的市场大于红酒的市场。

2. 白酒消费多元化

① 从买白酒的用途来看，约 52.84%的消费者用来自己消费，约 27.84%的消费者用来送礼，其余的是随机性很大的消费者。

买酒用于自己消费的消费者，其价格大部分在 250 元以下，其中 100 元以下的约占 26.7%，100～200 元的占 22.73%，从品牌上来说，稻花香、洋河、汤沟酒相对看好，尤其是汤沟酒，约占 18.75%，这也许跟消费者的地方情结有关。从红酒的消费情况来看，大部分价格也都集中在 60～150 元，其中，100 元以下的占 10.23%，价格档次越高，购买力相对越低。从品牌上来说，以花果山、张裕、山楂酒为主。

送礼者所购买的白酒其价格大部分选择在 180～550 元（约 28.4%），约有 15.34%的消费者选择 450 元以上。这样，生产厂商的定价和包装策略就有了依据，定价要合理，又要有好的包装，才能增大销售量。从品牌的选择来看，约有 21.59%的消费者选择五粮液，10.795%的消费者选择茅台。总之，从以上的消费情况来看，消费者的消费水平基本上决定了酒类市场的规模。

② 购买因素比较鲜明，调查资料显示，消费者关注的因素依次为价格、品牌、质量、包装、广告、酒精度，这样就可以得出结论，生产厂商的合理定价是十分重要的，创名牌、求质量、巧包装、做好广告也很重要。

③ 顾客忠诚度调查表明，经常换品牌的消费者占样本总数的 32.95%，偶尔换的占 43.75%，对新品牌的酒持喜欢态度的占样本总数的 32.39%，持无所谓态度的占 52.27%，明确表示不喜欢的占 3.4%。可以看出，一旦某个品牌在消费者心目中形成良好印象，是很难改变的，因此，厂商应在树立企业形象、争创名牌上狠下功夫，这对企业的发展十分重要。

④ 动因分析。首先在于消费者自己的选择；其次是广告宣传；然后是亲友介绍；最后才是营业员推荐。不难发现，怎样吸引消费者的注意力，对于企业来说是关键，怎样做好广告宣传，消费者的口碑如何建立，将直接影响酒类市场的规模。而对于商家来说，营业员的素质也应重视，因为其对酒类产品的销售有着一定的影响作用。

（二）饮食类产品的消费情况

本次调查主要针对一些饮食消费场所和消费者比较喜欢的饮食进行，调查表明，消费有以下几个重要特点：

① 消费者认为最好的酒店不是最佳选择，而最常去的酒店往往又不是最好的酒店，消

费者最常去的酒店大部分是中档的,这与本市居民的消费水平是相适应的,现将几个主要酒店比较如下:

泰福大酒店是大家最看好的,约有31.82%的消费者选择它;其次是望海楼和明珠大酒店,都是10.23%,然后是锦花宾馆。调查中我们发现,云天宾馆虽然说是比较好的,但由于这个宾馆的特殊性,只有举办大型会议时使用,或者是贵宾、政府政要才可以进入,所以作为普通消费者的调查对象很少会选择云天宾馆。

② 消费者大多选择在自己工作或住所周围的酒店,有一定的区域性。虽然在酒店的选择上有很大的随机性,但也并非绝对如此,例如,长城酒楼、淮扬酒楼,也有一定的远距离消费者惠顾。

③ 消费者追求时尚消费,如对手抓龙虾、糖醋排骨、糖醋里脊、宫保鸡丁的消费比较多,特别是手抓龙虾,在调查样本总数中约占26.14%,以绝对优势占领餐饮类市场。

④ 近年来,海鲜与火锅成为市民饮食市场的两个亮点,市场潜力很大,目前的消费量也很大。调查显示,表示喜欢海鲜的占样本总数的60.8%,喜欢火锅的约占51.14%,在对季节的调查中,喜欢在冬季吃火锅的约有81.83%,在夏天的约为36.93%,火锅不但在冬季有很大的市场,在夏季也有较大的市场潜力。目前,本市的火锅店和海鲜馆遍布街头,形成居民消费的一大景观和特色。

三、结论和建议

(一) 结论

① 本市的居民消费水平还不算太高,属于中等消费水平,平均收入在××××元左右。

② 居民在酒类产品消费上主要是用于自己消费,并且以白酒居多,红酒的消费比较少,用于个人消费的酒品,无论是白酒还是红酒,其品牌以家乡酒为主。

③ 消费者在买酒时多注重酒的价格、质量、包装和宣传,也有相当一部分消费者持无所谓的态度。

④ 对酒店的消费,主要集中在中档消费水平上,火锅和海鲜的消费潜力较大,并且已经有相当大的消费市场。

(二) 建议

① 商家在组织货品时要根据市场的变化制定相应的营销策略。

② 对消费者较多选择本地酒的情况,政府和商家应采取积极措施引导消费者的消费,实现城市消费的良性循环。

③ 由于海鲜和火锅消费的增长,导致城市化管理的混乱,政府应加强管理力度,对市场进行科学引导,促进城市文明建设。

[资料来源:《高职应用写作》(第4版),第13章]

【例文2】

关于当代青年消费问题的调查报告

中国青少年研究中心联合北京、上海、广州、山东、辽宁、黑龙江6个省市青少年研究所和广西壮族自治区团校,最近在全国9个省、市、自治区对青年人的消费观念、消费现状与趋势、消费结构进行了大规模调查。

一、青年人的消费观念变化

如今青年人的消费观念正发生变化,以往视"粗茶淡饭""勤俭持家"为美德的观念淡化了。许多青年注重"吃要讲营养,穿要讲式样,玩要讲多样,用要讲高档"。因此,在调查中问及青年对这个"四讲"问题怎样评价时,来自青年的反馈如下:

认为"符合现代生活方式"的占42.5%,认为"不合中国国情"的占21.3%,认为"助长好逸恶劳"的占7.2%,认为"容易引入高消费误区"的占23.9%,回答"说不清"的占5.1%。这表明当今相当多青年的消费观念已经发生变化,有42.5%的人向往"四讲"的生活方式,但对"四讲"的生活方式持怀疑和否定态度的人数也多达52.4%。

二、消费现状与趋势

1. 饮食日益注重营养

在"你对饮食最注重的是什么?"一问中,青年人回答"讲究营养"的人数占40.4%,为"方便省事"的占29.5%,"吃饱就行"的占30.1%。

2. 穿着注重"方便舒适"和"体现个性"

在青年人回答"你对服饰穿着最注重的是什么?"一问中,"方便舒适"占46.6%,"体现个性"占30.5%,"款式新颖"占16.5%,"讲究名牌时髦"占6.4%。

3. 住宅舒适被列为改善生活的主要目标

在对"你认为改善生活的主要目标是什么?"一问的回答中,多达55.9%的青年把"住宅舒适"列为改善生活的主要目标,其次才是"旅游",占21.9%,"家用电器齐全"占16.1%。在被调查的青年人中,约有1/3的人想买房,但当前许多人却买不起房,认为房价过高。

4. 沿海地区青年人买大件消费品趋向高档化

据对一些大城市及沿海经济发达地区的调查,青年高档消费的指向产品,依需求人数比例高低排列的顺序是:立体声音响(46.8%)、空调(40.5%)、彩色电视(39.7%)、摩托车(37.6%)、电冰箱(31.5%)。

……

三、消费结构失衡

在调查中我们发现,现在青年人的消费结构有两个失衡之处:一是物质消费增长很快,精神消费则严重滞后;二是在精神消费中重娱乐消遣,轻读书学习。

据对9省、市、自治区的调查,青年中"基本不买书报"的人占被调查人数的12.6%,"偶尔买点"的人数占26.4%,把"购买书报列为每月固定支出项目"的却只有9.9%;家中基本没有藏书(存书在50册以下)的青年多达34%,而拥有100册以上的人仅占28%。这种情况令人忧虑。消费结构失衡,不利于青年一代健康成长。因此,结合加强爱国主义教育,鼓励和引导青年多读书、读好书,应当受到社会各界的关注。

(资料来源:中国青少年研究网 cycrc.org.cn)

三、必备知识

(一)调查报告的含义

调查报告是对某项工作、某个事件、某个问题,经过深入细致的调查后,将调查中收集

到的材料加以系统整理，分析研究，以书面形式向组织和领导汇报调查情况的一种文书。

市场调查报告是调查报告的一个分支。

（二）调查报告的特点

1. 写实性

调查报告是在占有大量现实和历史资料的基础上，用叙述性的语言实事求是地反映某一客观事物。

2. 针对性

调查报告一般有比较明确的意向，相关的调查取证都是针对和围绕某一综合性或是专题性问题展开的。

3. 时效性

调查报告要及时、迅速和准确地发现和反映市场的新情况、新问题。

4. 逻辑性

调查报告离不开确凿的事实，但又不是材料的机械堆砌，而是对核实无误的数据和事实进行严密的逻辑论证。

（三）调查报告的种类

1. 介绍典型经验的调查报告

某一地区、某一单位、某一企业，在贯彻落实党和国家的各项方针政策的过程中，或在日常的思想政治、经济建设、科学教育等方面取得了突出的成绩，为了把他们的具体做法和成功奥秘反映出来，可以对他们进行专题调查，然后写出调查报告，这种类型就是介绍典型经验的调查报告。介绍典型经验的调查报告跟工作通讯中那些以反映工作成绩为主的类型有些近似。区别在于调查报告重在调查，特别注重对调查过程和调查所得数据的叙述和列举。

2. 揭露问题的调查报告

这是针对某一存在的问题展开调查，以揭示这一问题的种种现象和深层原因为主要目的的调查报告。它的主要功能是揭露和批判各种问题，探究问题产生的原因，分析问题的症结所在，提供解决问题的思路和方法。

3. 反映新生事物的调查报告

这是针对社会现实中某种新近产生或新近有了长足发展的事物而写的调查报告。在现实社会中，新生事物总是不断涌现的。反映新生事物的调查报告的文体功能，就是全面地报道某一新生事物的背景、情况和特点，分析它的性质和意义，指出它的发展规律和前景。

4. 社会情况的调查报告

这是针对一些社会情况所写的调查报告。这里所说的社会情况，主要是指社会风气、百姓意愿、婚恋、赡养、衣食住行等群众生活各方面的基本情况。这类调查报告虽不直接反映政治、经济等重大问题，但也是跟政治、经济密切相关的。另外，这也是群众最为关心的一些问题。因此，各种新闻媒体都十分重视这一领域的报道。

（四）调查报告常用的方法

1. 现场调查法
到现场直接观察、记录调查对象的行为和言词，如了解购买者意向、对商品的意见等。

2. 访问调查法
如个人访问、开座谈会、电话询问、邮件调查等，需预先准备好要询问的问题，设计好问卷。

3. 实验调查法
实验调查法也称试验调查法，这种方法多用试行销售的方式，如试销会、展销会、订货会、博览会等。

4. 统计分析法
即利用企业的销售情况表、会计报表等进行统计分析的调查方法。

5. 问卷调查法
也称书面调查法，或称填表法，即用书面形式间接搜集研究材料的一种调查手段。通过向调查者发出简明扼要的征询单（表），请其填写对有关问题的意见和建议来间接获得材料和信息的一种方法。

（五）调查报告的结构和写法

1. 标题
1）单标题

（1）公式化写法

公式化写法就是按照"调查对象+调查课题+文体名称"的公式拟制标题。如《一个富裕居委会的财务调查》就是这样的标题，其中"一个富裕居委会"是调查对象，"财务"是调查课题，"调查"显示文体是调查报告。这样写的好处是要素清楚，读者一看就知道写的是什么单位，涉及的是哪些问题，文种也很明确。这样写的不足之处是太模式化，不够新鲜活泼。

（2）常规文章标题写法

具体方式可以灵活多样。可以用问题作标题，如《儿童究竟需要什么读物？》。可以显示作者自己的观点，如《莘莘打工者，维权何其难》。可以直接叙述事实，如《三个孩子去蛇岛》。可以用形象画面暗示文章内容，如《"航空母舰"逐浪经济海洋》。还有种种写法，不再一一列举。

2）双标题

双标题由正副标题组成，其中正标题一般采用常规文章标题写法，具体手段如上所述。副标题则采用公式化写法，由"调查对象+调查课题+文体名称"组成。如《明晰产权起风波——对××市一集体企业被强行接管的调查》。

2. 正文
1）导言

导言须高度概括，简明扼要。写明调查的基本情况，如调查目的、时间、地点、对象、范围、调查方法等，也可介绍报告的主要内容、观点。一般要根据主体部分组织材料的结构顺序来安排，常见的有以下几种类型：

（1）提要式

就是把调查对象最主要的情况进行概括后写在开头，使读者一入篇就对它的基本情况有一个大致的了解。

（2）交代式

在开头简单地交代调查的目的、方法、时间、范围、背景等，使读者在入篇时就对调查的过程和基本情况有所了解。

（3）问题式

在开头提出问题来，引起读者对调查课题的关注，促使读者思考。这样的开头可以采用提问的方式引出问题，也可以直接将问题摆出来。

2）主体

前言之后、结语之前的文字，都属于主体。这部分的材料丰富、内容复杂，在写作中最主要的问题是结构的安排，一般分为三个层次：

（1）基本情况

介绍调查获得、经过归纳整理的资料数据及图表，说明被调查对象的过去和目前的情况。

（2）分析及结论

这部分的内容如下：

① 写对资料数据如何分析、归纳；

② 写发现的问题和关于调查的结论。

（3）建议

根据分析及结论，提出有针对性的对策或措施。

3）结语

可以概括全文的观点，写出总结式的意见；或说明调查中存在的问题、主要的情况倾向；或预测可能遇到的风险等。也可以不另加结尾。

四、写作训练

1. 训练步骤

① 把全班学生分成若干组，每组 5～7 人，以小组为单位做调查；

② 确定调查目的和调查对象；

③ 三选一：设计 1 份 15 题左右的调查问卷；设计一份访谈提纲（针对公众）；拟写一个调查方案。

④ 完成一份调查报告。

2. 选题举例（供参考）

① ××××年广州企业公关运用状况调查。

② ××学院社会形象调查（教工形象、管理形象、学生形象）。

③ ××学生社团形象调查。

④ ××学院毕业生竞争力调查。

⑤ ××专业市场需求调查。

参考答案

⑥ 就本班自身内部的公共关系状态做一个调查。
⑦ 就本班近期某一活动的效果做一个调查。
⑧ 大学生月消费情况调查。
⑨ 学院饭堂情况调查。

单元十　简报

1. 了解简报的类型；
2. 掌握简报的结构与写法。

能熟练掌握简报的写法，编写格式规范、结构完整、要素齐全的简报。

一、模拟任务

为你所在的××学院编写一份学生工作简报。

二、例文鉴赏

1. 工作简报
【例文】

评估工作简报

（第 16 期）

××学院迎评促建工作领导小组办公室　　　　　　　　××××年××月××日

我院召开专业剖析与教师说课模拟汇报会

　　为进一步做好评估准备工作，迎接评估专家组的考察指导，10 月 12 日下午，××学院在南校区酒店管理学院三楼专业剖析会场及 A 座教学楼一楼说课会场分别召开专业剖析与教师说课模拟汇报会。各专业群主任、部分系部主任与专业教学团队、说课教师进行了交流。

　　汇报会上，剖析专业围绕"专业剖析工作要点"，结合"数据采集平台"数据，就专业自评情况进行了汇报,分析了专业建设现状,明确了专业发展规划,展示了翔实的支撑材料,并同与会人员共同模拟了集体访谈环节;说课教师按照"教师说课活动要点"要求,分别对课程整体设计与单元教学设计进行了介绍,阐释了改革思路,彰显了教学成果,突出了课程特色,并与同行教师就课程定位、课程目标、教学组织实施等问题进行了广泛而深入的研讨。

此次专业剖析与教师说课模拟汇报会达到了实战演练的效果,进一步提高了专业剖析水平和教师说课能力,我们期待评估专家组对我院专业建设与课程建设的全方位指导。

送:××学院各系部

（共印30份）

（资料来源:《新编应用文写作实用教程》项目10）

2. 动态简报
【例文】

七一活动简报

为纪念建党××周年,全面贯彻落实党的十八大精神,讴歌党的光辉历程,推动社会文化大发展、大繁荣,丰富社区居民群众的文化生活,7月1日上午,××办事处××社区在××广场开展"永远跟党走"庆七一文艺演出活动。

本次活动以重温入党誓词拉开帷幕,××办事处全体党员在党工委书记××同志的带领下,重温了入党誓词,之后全体党员干部饱含热情共同高唱《没有共产党就没有新中国》,用嘹亮的歌声向党的××年华诞献礼。随后进行的女子军乐表演《军歌嘹亮》、舞蹈《火红的太阳》、女生独唱《公仆赞》等15个节目,将文艺演出推向一个又一个高潮,现场笑声不断,掌声、喝彩声不断。演出在大合唱《歌唱祖国》中落下帷幕,整场演出创意新颖、精彩纷呈,充分展示了××人的时代风采。

这次活动是××办事处庆七一系列活动之一,以文艺演出的形式,表达了对党的热爱,激发了爱党爱国情操和热爱家乡的热情,鼓舞了人心、凝聚了士气,唱出了活力、舞出了干劲,用红色的革命主旋律,在整个办事处营造出了健康向上、团结奋进的氛围,激励广大干群以更加高昂的斗志,投身到加快发展的伟大实践中,努力开创经济社会转型跨越发展的新篇章。

3. 会议简报
【例文】

部门例会会议简报

××××年××月××日8:30,项目经理部召开本周例会,首先由××经理传达公司本周例会主要内容,之后由各项目板块负责人汇报在建、跟踪项目情况,最后制定部门下周重点工作计划。

会议要求:

1. 部门职员针对公司今后的发展方向及运行管理提出好的建议,本周三前上交部门;

2. 针对部门职员提出的建议,项目经理现已制定初稿,要求部门职员相互交流、讨论此稿,提供补充建议;

3.（略）

4.（略）

5.（略）

6. 部门职员应严格遵守公司劳动纪律和各项规章制度，遵守公司考勤制度，严格执行人员动态管理制度。

三、必备知识

（一）简报的含义和作用

1. 简报的含义

简报是党政机关、人民团体、企事业单位编发的反映情况、沟通信息、交流经验、指导工作的一种简短、灵便的事务文书，是传递某方面信息的简短的内部小报。简报的别称有情况反映、情况交流、简讯、动态、内部参考等。

2. 简报的作用

简报可以下情上达，汇报工作，反映情况；可以上情下达，互通信息，交流经验。

（二）简报的特点

1. 时效性

简报一定要及时，如有些会议简报往往在会前发布，如在会议结束后才编发，其时效性就大大减弱。

2. 简明性

简，不仅是指文字少，篇幅短，更主要的是用文字概括事实的精髓和意义。因此，要求简报的叙述体现概括叙述，不写事件细节。

3. 交流范围的限制性

多数情况下，简报只在内部传阅。有的简报，还是专门给某些领导人看的，保密要求高。

（三）简报的类型

1. 从时间上划分

从时间上划分，有常规简报、阶段性简报。

2. 按版期划分

按版期划分，有定期简报、不定期简报。

3. 从性质上划分

从性质上划分，有一事一报的专题简报、综合反映情况的综合简报。

4. 从内容上划分

从内容上划分可分为以下三种：

1）工作简报

工作简报是经常性的、不定期编发的长期性简报。工作简报反映的内容有对党的方针、政策以及上级的指示、决定、通知等的贯彻执行情况，工作中的经验、教训和问题，本单位的好人好事、好风尚或不良倾向。

2）动态简报（也称情况简报或活动简报）

动态简报又可分为以下几种：

（1）思想动态简报

如反映员工对工资、福利等问题的认识与看法等。

（2）业务动态简报

主要反映与本部门、本企事业有关的业务动向、人事变动，如《部分机电产品市场行情》等。

3）会议简报

主要反映会议的概况、议程、进程、中心议题、讨论情况、与会人员的意见和建议等。

（四）简报的结构和写法

简报分为三部分：报头、报体和报尾，如图3-10-1所示。

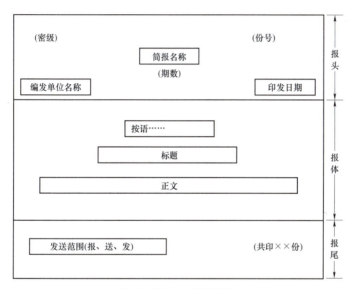

图 3-10-1　简报样式

1. 报头

报头又称版头，一般占首页三分之一的上方版面，用间隔红线与报体部分隔开。
报头的内容包括以下几个方面：

（1）简报名称

如《××企业工作简报》，在居中位置，用套红大号字体，要求醒目大方。

（2）期数

排在简报名称的正下方，按期序编排，有的简报还注明总期数。

（3）编发单位名称

写在横隔线的左上方位置上。

（4）印发日期

写在横隔线的右上方位置上。

（5）密级

在报头左侧上方位置标识密级，如机密、秘密、内部刊物等。

（6）份号

印在报头右侧上方位置。

2. 报体

报体的内容包括以下几个方面：

1）按语

按语表明办报单位的主张和意图，一般有三种写法：

（1）说明性按语

介绍稿件的来源、编发原因和发送范围。

（2）提示性按语

提示稿件内容，帮助读者理解稿件的精神。

（3）批示性按语

批示性按语也叫要求性按语，主要写在具有典型意义或指导作用的稿件前面。一般要声明意义，表明态度，并对下级提出要求或提供办法。

2）标题

标题必须确切、醒目、简短，且富有吸引力。

3）正文

一般包括前言、主体两个部分。

（1）前言（导语）

相当于消息的导语，通常只写一句话或一段话，给读者一个总的印象。写法一般有叙述式、提问式、结论式等。概括文章的主题或主要事实（含时、地、人、事、因、果6要素）。

（2）主体

这是简报的主干，是对前言的展开，使其具体化。这也是前言与主体的关系。

正文如果篇幅较长，可采用小标题、序数法等方式展开。

具名，即写上提供简报材料的单位或个人姓名，在正文末右下角用圆括号括上。如果作者就是编发单位，则可不具名。

3. 报尾

报尾内容包括主送单位、抄送单位、印刷份数等。

四、写作训练

试以你所在班级的集体活动或班会内容为材料，编写一份简报。

参考答案

单元十一　开幕词

学习目标

1. 理解开幕词的特点；
2. 掌握开幕词的结构与写法。

预期成果

能够根据实际情况撰写格式规范、结构完整、表述正确、措辞得体、富有文采和号召力的开幕词。

一、模拟任务

学校即将召开学生运动会。请你草拟一份运动会的开幕词。

二、例文鉴赏

【例文1】

××股份有限公司股东大会开幕词

（××××年××月××日）

董事长：×××

女士们、先生们、朋友们：

　　值此本公司股东大会开幕之际，我谨代表××股份有限公司向来自全国各地的各位股东，表示最热烈的欢迎和最真诚的问候！

　　今年是本公司快速成长的一年。正是由于各位股东的关心和全体员工的不懈努力，五年来，本公司的业绩增长了××倍，股票价格上涨了×00%。

　　在过去的几年中，本公司在技术积累和人力资源开发与储备等方面也取得了长足进步，

实用写作手册

为公司的下一步发展奠定了坚实基础。我相信,在各位股东的鼎力支持下和全体员工的不懈努力下,本公司在不远的将来一定能实现跻身世界同行500强的目标,并为各位股东带来丰厚的回报。

这次股东大会,将解决两个问题:一是向各位股东汇报今年的工作情况;二是最近传闻本公司出现了财务问题,这是毫无根据的。本次股东大会,就是要向各位股东澄清这一点。

各位女士、各位先生、各位朋友:我们从事的IT产业属于高成长、高风险的行业,市场环境瞬息万变,技术创新投入巨大,本公司的发展将面临众多的困难和挑战,然而,机遇与风险并存。公司董事会有信心领导企业迎接挑战、开拓前进,取得更好的业绩!

最后,预祝××股份有限公司股东大会圆满成功!

【例文2】

篮球赛开幕词

(××××年××月××日)
总经理:×××

各位领导、裁判员、运动员、同事们:

今天,我们在这里隆重举行"××公司第三届部门制篮球比赛",这是公司在职工文化体育活动方面的一项重要活动,在此,我谨代表集团公司的各级领导并以我个人的名义向各参赛代表队、各位领队、运动员、裁判员和全体工作人员致以诚挚的问候!

公司每年一届的篮球赛活跃了员工的文化生活,使员工有了更好的业余活动,也为全公司的篮球运动爱好者搭建了一个平台,让大家有展示球艺的机会,锻炼身体,强健体魄,以饱满的热情投入工作中去。篮球项目具有广泛的参与性、强烈的竞争性,受到广大员工的普遍欢迎和积极参与,本次球赛共有19支参赛队伍,其中14支男队和5支女队。此次比赛对活跃员工业余文化生活,增强各部员工在工作中的凝聚力和战斗力,必将起到积极的推进作用。

在此,我真诚地希望全体运动员要发扬"更高、更快、更强"的奥林匹克体育精神,顽强拼搏、奋力争先,以高昂的斗志、高超的球艺,赛出友谊、赛出风格、赛出水平。同时,希望全体裁判员认真负责、公正执法,维护体育竞赛的公正、公平,确保竞赛质量;希望各位参赛队员一定要牢记我们的准则"安全第一、友谊比赛";希望各位拉拉队员做好加油助威工作。

最后,预祝××公司第三届部门制篮球比赛圆满成功!

三、必备知识

(一)开幕词的含义和作用

开幕词是指在比较庄重的大中型会议、活动开始时,由主要领导或主持人宣告活动开始、交代议程、阐述宗旨的致辞。它旨在阐明会议、活动的指导思想、宗旨和重要意义,向参加者提出任务和要求,具有宣告性和指导性。

（二）开幕词的特点

1. 宣告性
致开幕词之后，才陆续展开会议（或活动）的各项议程。开幕词是会议的序曲、标志。

2. 导引性
开幕词的导引性，体现在阐明会议（或活动）的宗旨、任务、目的、意义上。

3. 鼓动性
开幕词的鼓动性表现在对期望举办好会议（或活动）的良好祝愿，介绍会议（或活动）的议程和宗旨，以激励参与者的参与意识，调动大家参与会议（或活动）的积极性。

（三）开幕词的结构和写法

开幕词一般由标题、称谓、正文和结束语四部分组成。

1. 标题
开幕词标题的写法有以下几种形式：

（1）由"会议（或活动）全称+文种"组成

如"中国共产党第××次全国人民代表大会开幕词"；

（2）由"致辞人姓名+大会（或活动）名称+文种"组成

如"×××同志在×××大会上的致辞"；

（3）有的采用复式标题

主标题揭示会议（或活动）的宗旨、中心内容，副标题与前两种标题的构成形式相同，如"我们的文学应站在世界的前列——中国作家协会第×次代表大会开幕词"。

（4）只写文种"开幕词"三个字

2. 称谓
开幕词是礼节性致辞，称谓是礼节、礼貌的体现。称谓要根据会议（或活动）的性质和出席会议（或活动）的人员来确定，一般用泛称，顶格书写，后面加冒号。如"各位代表、各位来宾""各位专家、学者""各位老师、各位同学"等。如果是国际会议，要按照国际惯例来排序，较常见的是"各位嘉宾、女士们、先生们"。称呼的选用要涵盖全体人员，不能遗漏。也可以在称呼后面再加上礼节性的问候，如"大家好""晚上好"。

3. 正文
正文包括开头和主体两部分。

（1）开头

开头部分的主要内容是宣布会议（或活动）开幕。

一般的写法是开门见山地宣布会议（或活动）开幕，宣布会议（或活动）名称要写全称，以示庄重。也可以对会议（或活动）的规模、意义、召开的背景、出席人员情况和筹备情况作简要介绍，并对会议（或活动）的召开以及参与人员的到来表示热烈的祝贺和热情的欢迎，以渲染会议（或活动）气氛，激发参与者的热情。写作时，应单列为一个自然段，与主体部分区分开来。

（2）主体

这一部分内容是开幕词的核心部分，通常包括以下三个方面的内容：

① 阐述会议（或活动）举行的意义，通过对以往工作情况的概括、总结和对当前形势的分析，说明会议（或活动）是在什么形势、背景下，为解决什么问题或达到什么目的而举行的；

② 阐明会议（或活动）的指导思想，提出任务，介绍议程和安排；

③ 为保证会议（或活动）的顺利进行，还可以向参与者提出会议（或活动）的要求。

4. 结束语

一般采用"预祝大会（或活动）圆满成功"作为结束语，精神饱满，充满期待，语言要有感染力。

（四）撰写开幕词的基本要求

1. 重点突出，详略得当

处理好与大会报告的关系，不要将开幕词写成大会报告的缩写稿。

2. 注重营造庄重热烈的会议（或活动）气氛

用语庄重严肃，生动明快，有感情色彩，富于号召力、鼓动性。

3. 篇幅不宜过长，语言要概括，文字要简练

用字谨慎，大方有礼，不卑不亢。尽可能口语化，与会议（或活动）场景气氛和谐、融洽。

四、写作训练

请撰写你所在院校即将召开的运动会或艺术节的开幕词。

参考答案

单元十二　闭幕词

1. 理解闭幕词的特点；
2. 掌握闭幕词的结构与写法。

能够根据实际情况撰写格式规范、结构完整、表述正确、措辞得体、富有文采和感染力的闭幕词。

一、模拟任务

××学校运动会或艺术节即将闭幕。请拟写一份闭幕词。

二、例文鉴赏

【例文1】

第29届奥林匹克运动会闭幕词

亲爱的中国朋友们：

　　今晚，我们即将走到16天光辉历程的终点。这些日子，将在我们的心中永远珍藏。

　　感谢中国人民，感谢所有出色的志愿者，感谢北京奥组委！

　　通过本届奥运会，世界更多地了解了中国，中国更多地了解了世界，来自204个国家和地区奥委会的运动健儿们在光彩夺目的场馆里同场竞技，用他们的精湛技艺博得了我们的赞叹。新的奥运明星诞生了，往日的奥运明星又一次带来惊喜，我们分享他们的欢笑和泪水，我们钦佩他们的才能与风采，我们将长久铭记再次见证的辉煌成就。

　　在庆祝奥运会圆满成功之际，让我们一起祝福才华横溢的残奥会运动健儿们，希望他们在即将到来的残奥会上取得优秀的成绩。他们也令我们备感鼓舞。今晚在场的每位运动员，

实用写作手册

你们是真正的楷模，你们充分展示了体育的凝聚力。来自冲突国家竞技对手的热情拥抱之中闪耀着奥林匹克精神的光辉。希望你们回国后让这种精神生生不息，时代永存。这是一届真正的无与伦比的奥运会！

现在，遵照惯例，我宣布第29届奥林匹克运动会闭幕，并号召全世界青年四年后在伦敦举办的第30届奥林匹克运动会上相聚。

谢谢大家！

（资料来源：罗格：这是一届真正的无与伦比的奥运会 chinadaily.com.cn）

【例文2】

××学校第×届田径运动会闭幕词

全体裁判员、运动员，亲爱的老师和同学们：

大家好！

经过两天半紧张激烈精彩的比赛，我校秋季田径运动会即将落下帷幕。首先，我代表运动会组委会向顽强拼搏并取得优异成绩的班集体和运动员表示热烈的祝贺！向为本次运动会付出辛勤劳动的全体教练员、裁判员和工作人员表示衷心的感谢！

通过本次运动会，培养了同学们的集体主义精神、顽强拼搏的意志和追求更高、更快、更强的奥林匹克精神，班集体的凝聚力得到了增强，师生之间、同学之间的感情得到了升华，同学们的体育才华得到了展示，个性得到了张扬。同时也展示了我校师生积极进取、奋发向上、勇攀高峰的旺盛斗志和良好的精神风貌。赛出了水平，赛出了风格。

两天半的时间很短，不足以让我们挥洒激情，展示青春，但它记载了一种精神，传承了一种动力。它留给我们的不仅仅是奖杯和奖状，而且是一种态度、一种力量、一种品质、一种永不磨灭的精神！希望同学们在以后的学习和生活中把校运会所体现的永不服输、一往无前的精神发扬光大。

最后我宣布，××学校第×届田径运动会胜利闭幕！

祝全体师生身体健康、工作学习进步！

谢谢大家！

三、必备知识

（一）闭幕词的含义和作用

闭幕词是在比较郑重的大中型会议（或活动）闭幕时，由党政机关、社会团体、企事业单位的主要领导人所作的总结性讲话。闭幕词的目的旨在总结情况、评价成果、意义以及影响，提出希望和号召，具有总结性、评估性和号召性。

（二）闭幕词的特点

1. 总结性

闭幕词是在会议（或活动）的闭幕式上使用的文种，要对会议（或活动）内容、会议（或活动）精神和进程进行简要的总结并作出恰当评价，肯定会议（或活动）的重要成果，强调会议（或活动）的主要意义和深远影响。

2. 概括性

闭幕词应对会议（或活动）进展情况、完成的议题、取得的成果、提出的会议（或活动）精神及会议（或活动）意义等进行高度的语言概括。因此，闭幕词的篇幅一般都短小精悍，语言简洁明快。

3. 号召性

为激励参加会议（或活动）的全体成员实现会议（或活动）提出的各项任务而奋斗，增强参与人员贯彻会议（或活动）精神的决心和信心，闭幕词的行文充满热情，语言坚定有力，富有号召性和鼓动性。

4. 口语化

闭幕词要适合口头表达，写作时语言要求通俗易懂、生动活泼。

（三）闭幕词的结构和写法

闭幕词的结构一般由标题、称谓、正文和结束语四部分组成。

1. 标题

闭幕词的标题书写和开幕词相似。注意同一会议（或活动）的闭幕词的标题书写要与开幕词的标题相一致。

闭幕词标题的写法有以下几种形式：

（1）由"会议（或活动）全称+文种"组成

如"第一次职工代表大会闭幕词"；

（2）由"致辞人姓名+大会（或活动）名称+文种"组成

如"××同志在××××大会上的总结致辞"；

（3）有的采用复式标题

主标题揭示会议（或活动）的宗旨、中心内容，副标题与前两种标题的构成形式相同，如"问渠哪得清如许，为有源头活水来——第×届世界文学与比较文学大会闭幕词"。

（4）只写文种"闭幕词"三个字

2. 称谓

闭幕词的称谓和开幕词的称谓写法类似，根据大会（或活动）的性质和参加者的身份来确定。

3. 正文

正文一般包括开头和主体两部分。

（1）开头

先用概括性的语言对会议（或活动）作一个总的评价，然后简要说明会议（或活动）的经过，是否圆满地完成了预定的任务。

（2）主体

这是闭幕词的核心部分，通常包括以下三个方面的内容：

① 对会议（或活动）进行概括、总结，概述会议（或活动）的主要事项和基本精神；

② 恰当地评估会议（或活动）的收获、意义以及深远影响；

③ 总结对今后工作的指导意义，增强人们的信心和决心。

4. 结束语

结束语一般要向参与者发出号召、提出希望、表示祝愿，还可以向保障会议（或活动）顺利进行的有关单位以及人员表示衷心的感谢。

（四）撰写闭幕词的基本要求

1. 闭幕词要对会议（或活动）作概括总结

闭幕词要对会议（或活动）作概括总结，对今后工作具有重要的指导意义。

2. 闭幕词行文要求言简意赅

闭幕词行文要求言简意赅，与会议（或活动）的基调保持一致，要热情洋溢，简洁有力，语言要高度综合、概括，富有鼓动性和号召力，感染力要强，能鼓舞人心，给参与者留下深刻的印象。

3. 注意开幕词与闭幕词的区别与联系

闭幕词应与开幕词前后呼应、首尾衔接。

（1）开幕词是会议（或活动）序曲

开幕词重在阐明会议（或活动）的任务，为会议（或活动）打基础，定基调，产生指导、定向和"提神"的作用。

（2）闭幕词是会议（或活动）的尾声

闭幕词着重对会议（或活动）的主要成果给予评价，总结会议（或活动）的成绩和经验，强调会议（或活动）精神对今后工作的指导作用。

四、写作训练

请撰写你所在院校即将闭幕的运动会或艺术节的闭幕词。

参考答案

拓展例文

模块四 宣告类文书

单元一　启事

1. 了解启事的类型；
2. 掌握启事的写作方法。

能根据需要，拟写出内容准确、格式规范、措辞得体的启事。

一、模拟任务

"学习强国"学习平台联合华夏电影发行有限责任公司，在春节期间面向全社会共同开展主题为"过年：中国人的集体记忆"征文活动，请拟写一份征文启事。

二、例文鉴赏

【例文】

"过年：中国人的集体记忆"主题征文启事

2021年春节即将来临，为深入贯彻落实习近平总书记关于传承中华传统文化、坚定文化自信等重要论述，突出乡愁亲情、家风家教等重要文化元素，进一步筑牢家国情怀，营造欢乐、团圆、喜庆、祥和的节日氛围，为"十四五"良好开局凝聚精神力量，"学习强国"学习平台联合华夏电影发行有限责任公司，在春节期间面向全社会共同开展主题征文活动。

一、征文主题

本次征文以"过年：中国人的集体记忆"为主题，引导广大读者、观众通过对过年集体记忆的书写，抒发共同的乡愁，重新审视春节这一中华民族传统节日的宝贵价值和独特作用，赋予新的时代内涵，推动中华优秀传统文化的传承、创新和发展，坚定文化自信，为"十四五"良好开局凝聚精神力量。

不论是踏上回家之路的游子，还是坚守在岗位一线的各行各业工作者和因各种原因不能回家的人们，都可以通过过年期间的所见所闻所感，或者对过往春节的回顾、和父母亲人跨越时空的"线上团聚"等方式，记录民俗风情的变迁，书写和过年有关的亲情、友情、爱情、家风、家训等的温情故事，展示不同地区不同民族人们共同的文化根脉、民族情感和精神追求，激发人们为更加美好生活和实现中华民族伟大复兴的中国梦而奋斗的精神动力。

二、征文要求

① 紧扣主题，弘扬主旋律，传递正能量，富有时代性、思想性、艺术性。

② 内容真实，情感真挚，笔触生动，语言流畅，感染力强。题目自拟，体裁不限，字数适当，1 000 字左右为宜。

③ 作品形式可以是饱含深情的散文，也可以是写给父母长辈的一封信等，鼓励创新作品形式。

④ 作品可以配发相关图片，如与父母长辈和家人的合影、全家福等照片。

⑤ 作品须为署名作者自己所写、首发，不侵犯他人合法权益，严禁抄袭。

⑥ 投稿者均填写作者真实姓名、通信地址、电话、身份证号，有工作单位的注明单位、职务。不提交个人信息的，视为自动放弃入选资格。

三、征文时间

自启事发布之日起，至 3 月底结束。

四、举办单位

征文活动由"学习强国"总平台和华夏电影发行有限责任公司主办，各省区市和新疆生产建设兵团学习平台共同组织。

五、投稿方式

"学习强国"总平台、各省区市和新疆生产建设兵团学习平台均接受征文投稿。

通过"学习强国"PC 端（www.xuexi.cn）"我要投稿"海投系统，扫码登录后按照提示步骤，即可以向"学习强国"总平台、各省区市和新疆生产建设兵团学习平台投稿。

六、作品刊登及奖励

①"学习强国"APP、PC 端在"强国征文"频道刊登，推荐频道设专题展示。

②"学习强国"各省区市和新疆生产建设兵团学习平台、已上线地市级学习平台开设"强国征文"频道集中刊登优秀作品。

③ 为择优刊登在"学习强国"学习平台的征稿作品的作者发放文创纪念品。

④ 征文结束后，"学习强国"学习平台组织对作品进行评选，并将优秀作品结集出版。

七、注意事项

① 投稿人需保证所投稿件为原创且享有全部合法权利，若侵犯他人合法权益，如知识产权、名誉权、隐私权、肖像权等，则由投稿人承担法律责任。

② 所投稿件一经选用，即视为投稿人独家、免费、长期授权本平台行使除署名权、修改权和保护作品完整权外的其他全部权利，包括该等权利的转授权。

③ 本平台及其被授权人在不改变稿件原意的基础上，可以对所选用稿件作必要修改。

④ 本活动解释权归本平台，凡应征投稿即视为理解并接受本征稿通知的所有内容。

咨询电话：010-55×××95、010-55×××93。（周一至周五 8:30—12:00、14:00—17:30）

"学习强国"学习平台
华夏电影发行有限责任公司
2021 年 1 月 12 日

（资料来源：学习强国 xuexi.cn）

三、必备知识

（一）启事的适用范围

启事是团体、单位或公民个人向公众公开告知、说明事项或请求有关单位、广大群众帮助时所写的一种说明事项的应用文体。

（二）启事的特点

1. 内容的公开性

启事的内容是需要让公众知道或者希望大家协助办理的事情，经常登载于报刊，或在公共场所张贴，或在电视台、电台播放。公开性是其第一突出的特征。通常是一事一启，文字简明扼要，给人一目了然的感觉。但由于当前启事的大量运用，也出现了一启两事或相关多事的用法。

2. 运用的广泛性

启事的适用范围很广，涉及社会生活的许多方面，因而形成了多种多样的种类。机关团体、企事业单位、个人都可以根据需要随时发布启事。其篇幅短小精悍，运用方便灵活，随着社会经济的发展，使用频率越来越高，已成为经济生活不可或缺的常用文书。

3. 较强的时效性

启事发布一般具有即时性，需要让公众知道或者希望大家协助办理的事情一出现，就会立刻发布。读者、观众和听众是启事的对象，他们可以参与启事中所要求的事，也可不参与，因为启事不具备强制性和约束性。

（三）启事的种类

1. 寻访类启事

即用于寻找某物或某人，希望他人帮助寻找而使用的应用文体。如寻人启事、寻物启事等。

【例文】

寻 物 启 事

本人不慎于 2021 年 1 月 2 日下午在东湖公园遗失黑色女士背包一只，内有驾驶证、钱包、钥匙包及笔记本、雨伞等物品，请拾到者打电话 159××××1516 与本人联系。面谢！

××公司××
2021 年 1 月 2 日

【例文】

寻 人 启 事

朱方，男，70岁，身高1.7米左右，湖南口音，短发，上身穿格子衬衣和黑色马甲，下身穿黑色长裤，于10月5日上午在黄花岗附近走失，至今下落不明。如有发现或知情者，请拨打电话130××××××××联系，也可直接送回我处，当面酬谢××元。

××市环市西路××号×××
××××年××月××日

2. 招领类启事

招领类启事是拾到东西后寻找失主前来认领的一种应用文书。如招领启事。

【例文】

招 领 启 事

本商场收银台于今天下午拾到手提包一个，内装人民币若干以及笔记本等物品，希望失主前来认领。

地点：本商场三楼办公室

电话：××××××××

3. 征求类启事

即用于征集相关人员、相关事项而使用的应用文体。如招聘启事、征文启事等。

【例文1】

"学习强国"学习平台招聘启事

根据事业发展需要，"学习强国"学习平台拟向社会公开招聘100名工作人员，具体事项如下：

一、基本条件

1. 具有中华人民共和国国籍，拥护社会主义制度

2. 在思想上、政治上、行动上同以习近平同志为核心的党中央保持高度一致，热爱"学习强国"学习平台，党员优先

3. 自觉践行社会主义核心价值观，遵纪守法，诚实守信，品行端正

4. 教育部国民教育序列内院校及教育部承认的国外院校毕业，具有全日制大学本科及以上学历，并获得相应学位

…………

5. 户口不限、地区不限、男女不限

二、招聘岗位

本次所招聘工作人员，主要从事中央宣传部所属的"学习强国"学习平台内容采访编辑及运维业务工作。

具体岗位设置、要求及招聘数量如下：

1. 岗位：人力资源，4人

岗位职责：从事"学习强国"学习平台人力资源管理，执行绩效考核方案，负责员工考

勤、绩效考核等工作；执行薪酬体系方案，负责薪酬发放、扣减、增补等工作；制定用工方案，负责员工招聘入职、离职、辞退等工作。

学历/学位要求：本科及以上。1年及以上相关工作经历。

专业要求：管理学及相关专业。

2. 岗位：法律事务及版权管理，2人

……

3. 岗位：文字采编一，40人

……

4. 岗位：文字采编二，15人

……

三、招聘程序

1. 报名

请访问"学习强国"学习平台、央视网、中国文明网。

报名请点击复制文末链接。

报名截止日期为2020年6月20日24时。

2. 资格审核

……

3. 笔试和面试

……

四、待遇

……

五、注意事项

1. 每位应聘者限报1个岗位，可选择是否服从调剂

2. 务必认真填写报名信息，确保真实准确

如有弄虚作假或关键信息有隐瞒行为，一经查实，立即取消后续资格。必须填写准确联系方式，并保持通信畅通。

3. 联系电话：（工作日期间 09:30—18:00）

010—5562×××0（工作日）

4. 报名须在"公招网"上进行，链接：……

"学习强国"学习平台
2020年5月29日

（资料来源：学习强国 xuexi.cn）

【例文2】

纪念《告台湾同胞书》发表40周年征文启事

1979年1月1日，全国人大常委会发表《告台湾同胞书》，郑重宣示了争取祖国和平统一的大政方针和有关政策，标志着中央对台方针政策的重大发展，是指导两岸关系的历史性文献。2019年1月1日是全国人大常委会《告台湾同胞书》发表40周年。为纪念这一重大事件，国务院台办、人民日报社共同举办征文活动。

征文主题：结合自己的亲身经历，讲述40年来发生在两岸同胞间的动人故事，总结40

年来两岸关系发展取得的成果和经验，宣传中央对台方针政策，特别是新时代发展两岸关系的新主张，鼓舞两岸暨港澳同胞、海外侨胞为推动两岸关系和平发展，推进祖国和平统一进程，实现中华民族伟大复兴的中国梦而共同奋斗。

活动时间：2018年12月31日至2019年1月31日。截稿时间为2019年1月31日。

征文形式：议论文、记叙文均可，每篇一般不超过1 500字。

投稿请寄：人民网邮箱 tw@people.cn。

中国台湾网邮箱 cross40@126.com。

欢迎踊跃投稿。优秀征文将由《人民日报》《人民日报海外版》、人民网、海外网、《两岸关系杂志》、中国台湾网选择刊登。

征文结束后，由专家组成评委会评出一、二、三等奖和优秀奖，颁发证书及奖金。

（资料来源：学习强国 xuexi.cn）

4. 说明类启事

即用于有关单位或个人为搬迁新址、方便联系或相关事项说明所写的启事。其中紧急启事用于表示发生紧急变更事项比如延期、迁址、退票等事项，需要迅速通知出去，以免出现不必要的混乱现象。也有的紧急启事，表示一些急需读者知晓和协助的事项。

【例文1】

紧 急 启 事

由于本刊工作失误，导致《人与自然》在《2014 年全国报刊征订目录》的缺失。现紧急通知广大读者，我刊已采取措施：在上海报刊局《2014 年全国报刊征订目录（杂志增补部分）》增加了本刊征订代号。全国读者可在当地邮局继续征订2014年度《人与自然》杂志，每本定价16元。

为表示我们的歉意，订刊后请将您的订刊收据、详细地址和联系电话等信息发至邮箱（2011humannature@gmail.com），我们将赠送《人与自然》年度精美摄影集一本。

如有疑问，可直接咨询本刊编辑部：0871-65×××30。

国内统一刊号 CN53-××73/G。

邮发代号4-7×7。

（资料来源：中国知网 cnki.net）

【例文2】

迁 址 启 事

因工作需要，《中国医疗××》杂志社将于2020年9月1日起迁入新址办公。

新址：北京市××区××××大街××号×××大厦×幢××层。

邮编：100037。

原办公电话号码不变。

敬请周知，衷心感谢广大读者对本刊的关心与支持！

《中国医疗××》杂志社
2020年8月30日

（资料来源：中国知网 cnki.net）

（四）启事的写作

1. 标题
一般直接用文种名称，首行正中书写即可，如"招领启事"；有时为了醒目，还可加上单位名称或事由，如×××杂志社《迁址启事》。

2. 正文
（1）寻访类启事

在启事中要写清楚被寻找的人或物的基本情况和显著特点，还要写明告启者的联系地址及方法。写法有繁有简，应视具体情况确定。在张贴或登报时，还可配发相关照片。可张贴在走失或失物的地点和人员聚集点，力求使一定范围的人们协助查找，最后要表达感谢之意。

（2）招领类启事

招领类启事正文内容与寻物类启事相反，为防冒领，遗失物品的数量、特征可不写或少写，常用"若干""一批"等表概数的词语。行文语气要客气，多使用希、盼、望等敬词。

（3）征求类启事

在正文中，征集的对象和条件，相关注意事项尤其是征集对象关心关注的与启事密切相关的内容要说明，比如招聘启事中关于应聘对象的基本条件、待遇、应聘流程等；联系人和联系方式等事项要明确。篇幅有繁有简，视具体情况而定。

（4）说明类启事

要将说明的相关事项明确，比如搬迁新址具体的位置、联系方式的变更等。

3. 落款和日期

落款和日期在正文右下方分两行书写。由于有些启事已在内容中写明有关日期，那就不需另行标注。目前常见的启事样式，为醒目，常用黑体字标注联系地址、联系人以及电话号码或者特别需要突出的内容等。

四、写作训练

1. 指出下文中存在的主要问题

寻物启事

今天下午3点左右，不幸在图书馆遗失背包一个，拾到者火速交给周冲，谢谢！

2. 拟写一份征文启事

按照"学习强国"学习平台统一安排，某省平台拟举办"中秋：中国人的团圆节"主题征文活动，请拟写一份征文启事。

单元二 声明

1. 了解声明的类型；
2. 掌握声明的写作方法。

能根据需要，拟写出内容准确、格式规范、措辞得体的声明。

一、模拟任务

请拟写一份中央广播电视总台就2021年春节联欢晚会版权的声明。

二、例文鉴赏

【例文】

中央广播电视总台就2021年春节联欢晚会版权发表声明

辛丑牛年春节临近，中央广播电视总台（以下简称总台）正在紧锣密鼓地筹备制作2021年春节联欢晚会。总台是其制作、播出的2021年春晚及此前历年总台春晚节目的著作权人，拥有在全世界范围内将前述春晚节目以各种商业和非商业目的许可相关机构使用的专有权利。

未经总台正式授权，任何机构不得通过广播电视、互联网、移动通信网、互联网电视、移动媒体电视、各类应用软件及其他任何传播平台，以直播、延播、点播、轮播、公开放映等方式使用总台2021年春晚及历年春晚节目，亦不得复制、编辑、删除。自本声明发布之日起，总台将针对前述春晚节目加大监控和维权力度，依法采取一切有效措施，坚决打击任何侵犯总台合法权益的侵权盗播行为。

（资料来源：学习强国 xuexi.cn）

三、必备知识

（一）声明的适用范围

声明是国家、机关团体、企事业单位和个人公开表示态度或说明真相的应用文体。从写法和目的来看，声明同启事是一致的。但是声明所告知的事情相较之下显得更重要，其态度严肃，语气强硬，往往附带法律效力。

（二）声明的特点

1. 内容的公开性

声明的内容是需要让公众知道的事情，经常登载于报刊，或在电视台、电台播放。公开性是其第一突出的特征。

2. 运用的广泛性

声明的适用范围很广，涉及国际社会交往、社会生活的许多方面。国家、机关团体、企事业单位、个人都可以根据需要发布声明。随着社会经济的发展，使用频率越来越高，已成为经济生活不可或缺的常用文书。

3. 较强的约束性

声明发布后，其他国家、企事业单位、个人甚至发布者都是声明的对象，声明中说明的事项和相关要求对声明对象有一定的约束性，如果违反声明的相关要求，可能导致相关的法律后果。

（三）声明的种类

1. 重大事件声明

重大事件声明是就关涉重大的共识、意见和权益等公开表示态度或说明真相的应用文体。

【例文】

中非团结抗疫特别峰会联合声明

新冠肺炎疫情是全人类面临的重大挑战，是第二次世界大战结束以来最严重的全球公共卫生突发事件。为加强团结合作、携手战胜疫情，彰显更加紧密的中非命运共同体，经中国、非洲联盟轮值主席国南非、中非合作论坛非方共同主席国塞内加尔共同倡议，中非领导人于2020年6月17日通过视频连线召开中非团结抗疫特别峰会。

出席峰会的有中华人民共和国主席习近平、南非共和国总统西里尔·拉马福萨、……联合国秘书长安东尼奥·古特雷斯，世界卫生组织总干事谭德塞博士作为特邀嘉宾应邀出席。

与会领导人经过友好、深入交流，达成以下共识：

（一）对新冠肺炎疫情在全球范围内扩散蔓延，给世界各国人民带来前所未有的迫切挑战，给非洲人民的生命健康安全造成巨大冲击深表关切。

认识到公共卫生问题对全球和平安全及各国人民福祉的重要性，特别是非洲在新冠病毒肆虐面前极度脆弱，需要各方团结支持其增强应对能力和促进经济社会发展。

赞赏并支持联合国秘书长团结抗疫倡议，承诺共同致力于维护全球公共卫生安全，保障发展中国家正当权益，为促进世界和平与发展作出更大贡献，共同构建人类卫生健康共同体。

强调和平、安全与发展密切相关，呼吁国际社会支持非洲落实"消弭枪声倡议"，敦促尽快解除对津巴布韦和苏丹的经济制裁。

根据中非合作论坛精神和双方一贯秉持的理念，继续在涉及彼此核心利益和重大关切问题上相互支持。中方支持非洲国家探索符合自身国情的发展道路，反对外部势力干涉非洲内部事务。非方支持中方在台湾、香港问题上的立场，支持中方在香港依法维护国家安全的努力。

（二）高度评价和积极支持世界卫生组织在谭德塞总干事带领下为世界各国应对疫情发挥引领和协调作用，呼吁国际社会加大对世界卫生组织的政治支持和资金投入。

……

（三）非方高度评价中国政府采取坚决果断措施阻遏疫情蔓延，本着公开、透明和负责任的态度及时向世界卫生组织及相关国家通报疫情信息，为全球抗疫赢得宝贵时间。中方感谢非洲国家和非洲联盟等地区组织对中方抗疫行动给予声援和支持，赞赏非方制定全非抗疫战略和任命特使以寻求国际支持，应对疫情造成的经济挑战。中方赞赏非洲国家在此次抗疫中展现的坚韧不拔，采取预防性措施遏制疫情扩散并取得积极成效。

……

非洲国家感谢中方相关机构和企业提供抗疫医疗用品和物资援助。

（四）充分肯定中非投融资合作为非洲发展和民生改善发挥积极作用，呼吁国际社会通过团结合作，分享抗疫经验，向非洲国家提供更多物资、技术、资金和人道支持，帮助非方克服疫情影响、实现自主可持续发展。

……

（五）重申坚定支持多边主义，反对单边主义，维护以联合国为核心的国际体系，捍卫国际公平正义。

……

（六）祝贺中非合作论坛成立20周年，肯定中非合作论坛北京峰会成果落实行动取得重要进展，支持中非合作"八大行动"更多向公共卫生领域倾斜。

……

（七）赞赏中国、南非和塞内加尔在非洲抗疫关键时期倡议发起此次峰会。

……

向出席和未出席此次峰会的非洲领导人在抗疫行动中作出积极努力表示崇高敬意。

（资料来源：学习强国 xuexi.cn）

2. 保护权益声明

保护权益声明是就权益归属、使用等相关问题公开表示态度，如若违反，将承担相应的法律责任。

【例文】

品牌商标权益保护郑重声明

近日，市场出现有侵权千军万酱集团包装的荷花酒，目前，国家商标局只批准一个千军万酱荷花酒，外包装有个向右跑的马，马肚内有五个星的才是正宗的千军万酱商标，包装有绿钻、红钻、金钻、银钻、青钻、蓝钻，共六种颜色。

国家商标注册与版权保护属千军万酱集团旗下公司广东中日食品所有，现市场出现很多假冒侵权我们的产品包装，模仿我们"荷花"两个字体的书法，敬请消费者要认清以上标识，以免上当受骗，买到假荷花酒。

在此，千军万酱集团郑重声明：如再发现有仿冒我们厂家的产品出现，我集团公司会追究其赔偿责任和法律责任！（附：国家在2017年就批准的包装外观版权证书和商标证书及十大名酒奖牌）

打假举报热线：手机：黄总137028×××7（微信同号）；宋×18311×××3（微信同号）；电话：0××9-33××551；网址：http://qjwjj.9998.tv/；公司地址：××省××市××区观海北路××号。

打假举报热线：电话：0××9-33××551；网址：http://qjwjj.9998.tv；公司地址：××省××市××区观海北路××号。

（资料来源：兰州新闻网 lzbs.com.cn）

3. 致歉声明

致歉声明是就某些不当言行或侵权情况公开道歉，并就相关事项做说明。

【例文1】

致 歉 声 明

本人在个人微博上发表了对邱少云烈士的不当言论，在社会上产生了不良影响，对邱少云烈士家属造成了精神上的伤害，本人在此向邱少云烈士家属致歉。

××
2020年3月9日

【例文2】

致 歉 声 明

我公司在2015年4月一次微博活动中，与微博大V××（微博名称：××××）的微博互动时，未尽到合理审慎的注意义务，在社会上造成负面影响，给××烈士家属造成了精神上的伤害。我公司在此向××烈士家属表示诚恳的歉意，并在未来的经营活动中，努力回馈社会，传播社会正能量。

××（中国）有限公司
2020年3月9日

（资料来源：人民法院报 chinacourt.org）

4. 遗失声明

即用于遗失某重要物件的说明，向公众说明该物件已遗失（灭失）。

【例文】

遗 失 声 明

本人在 2020 年 3 月 4 日不慎遗失居民身份证件，证号：××××× 5678，现声明作废。

张×
2020 年 3 月 9 日

（四）声明的写作

1. 标题

一般直接用文种名称，首行正中书写即可，如"致歉声明"；有时为了醒目，文种前有时加"严正"二字，还可加上单位名称或事由，如"关于有人冒充我司员工实行诈骗行为的重大事件声明"。

2. 正文

（1）重大事件声明

重大事件声明须陈述重大事件的相关缘由和事实，就相关的共识、意见和权益等公开表明态度，并就事件相关的事项或安排做相应说明。

（2）保护权益声明

保护权益声明须陈述声明的缘由及有关事项，比如陈述声明方或要声明相关事项的基本情况，以及相关权益的情况，明确表示如若违反，将承担相应的法律责任，通过媒体向公众发布。写作时应具有针对性，直接对侵权者发出警告，表明鲜明的态度与严正的立场。

（3）致歉声明

致歉声明须说明致歉的事由，就某些不当言行或侵权情况公开道歉，并就相关事项或处理方式做说明。

（4）遗失声明

遗失声明须说明遗失物件的基本情况、权属等，往往有相应的规范格式要求。

值得注意的是，声明的目的是表明态度、维护权益、说明真相等，写作时应直截了当、郑重地宣布声明的事项，语言准确严肃，语气果断坚定。由于声明具有一定的法律效力，可以授权或委托律师发布。

3. 落款和日期

落款和日期在正文右下方分两行书写，注明声明者的名称、日期。由于有些声明已在内容中写明有关日期，那就不需另行标注。

四、写作训练

1. 指出下文中存在的主要问题

参考答案

致 歉 声 明

致《×××》所有观众：

我们收到××的投诉，非常重视。经剧组内部调查，由于剧组工作人员的疏忽，导致此事件的发生，并造成了极其恶劣的影响。

我们非常尊重并保护公民的合法权益，就此我们将替换相关正片内容，开除涉事剧组工作人员。今后我们将加强剧组工作人员管理，坚决遏制此类事件再次发生。

2. 拟写一份声明

张三因保管不善，不慎遗失房屋的土地使用权证书，请拟写一份声明。

单元三 祝词

 **学习目标**

1. 了解祝词的类型；
2. 掌握祝词的写作方法。

 **预期成果**

能根据场合需要，拟写出内容准确、格式规范、措辞得体的祝词。

一、模拟任务

大学同学×××将于月底举办婚礼，大家推选你在婚礼上上台送上祝词，你准备如何表达？

二、例文鉴赏

【例文】

祝　　词

各位来宾：

　　大家好！

　　面对此情此景，我和大家的感受是相同的。用一句常言描述，就是"好风好景好日子，好人好梦好姻缘"。

　　×××和×××是大学同窗，聪慧和学识使他们相互仰慕，伟岸和美丽使他们相互吸引，心灵的沟通使他们追求百年好合。我代表新郎的大学同学，向一对新人表示祝贺，对这种高尚的爱情给予赞美。

　　我们希望一对新人拥抱爱情时，不忘亲情、友情的珍贵。我们希望一对新人不要把爱情仅仅理解为浪漫，还要认识到爱情的平常和琐碎、爱情的奉献与包容。

　　我们希望一对新人不仅能够同享欢乐，还要分担痛苦。我们的一切希望化作一句话，那就是祝愿一对新人白头偕老，永浴爱河。

让爱情的美酒永远纯香！

×××

××××年××月××日

三、必备知识

（一）祝词的使用范围

祝词，也可写作祝辞，是在礼仪性场合、喜庆场合对人物、事情、会议或事业表达良好愿望和祝贺的言辞、文章或讲话稿。一般是在婚嫁乔迁、升学参军、延年过寿、房屋落成、事业庆典等喜事中使用。

祝词类应用文的内容包括祝词、贺词、贺电、欢迎词、欢送词、答谢词等。

（二）祝词的特点

1. 主题的喜庆性

祝词是在喜庆的场合对祝贺对象的一种真诚的祈颂祝福和良好心愿的表达，因此喜庆性是祝词的基本特点。在措辞用语上务必体现出一种喜悦、美好之情。

2. 情感的真实性

祝词是对所祝福对象的美好祝愿，所涉及的人和事应该是真实的，作者表达的情感也应该是真实的。祝词现场感强，可以用来传递信息，了解情况，便于交流感情，增进友谊，同样也能营造环境，活跃气氛。

3. 表达的仪式性

祝是中华民族的传统礼仪形式，古人每一种祈福都有相应的祝的仪式。祝词是在重要仪式、集会、宴会上常用的一类典型礼仪文书，格式、结构和写法基本一致，差异在于内容上。表达方式主要是现场致辞，但是，如祝贺人无法到场，也可通过书信、短信、电报、传真或是媒体发表等方式表示祝贺。

4. 体裁的多样性

祝词无须拘泥于某种文体，可以根据祝贺对象的具体情况采用合适贴切的文章体裁。既可以用一般的应用文体，也可以采用诗、词、对联等其他的文体样式。祝词的篇幅可长可短，少则几个字，多则几百字甚至上千字。

（三）祝词的种类

1. 欢迎词

欢迎词是指客人光临时，主人为表示热烈的欢迎，在座谈会、宴会、酒会等场合发表的热情友好的讲话。

【例文】

欢 迎 词

女士们、先生们：

值此×××厂30周年厂庆之际，请允许我代表×××厂，向远道而来的贵宾们表示热烈的欢迎。

朋友们不顾路途遥远专程前来贺喜并洽谈贸易合作事宜，为我厂30周年庆典更添了一份热烈和祥和，我由衷地感到高兴，并对朋友们为增进双方友好关系作出努力的行动，表示诚挚的谢意！

今天在座的各位来宾中，有许多是我们的老朋友，我们之间有着良好的合作关系。我厂建厂30年能取得今天的成绩，离不开老朋友们的真诚合作和大力支持。对此，我们表示由衷的钦佩和感谢。同时，我们也为能有幸结识来自全国各地的新朋友感到十分高兴。在此，我再次向新朋友们表示热烈欢迎，并希望能与新朋友们密切协作，发展相互间的友好合作关系。

"有朋自远方来，不亦乐乎。"在此新朋老友相会之际，我提议：

为今后我们之间的进一步合作、为我们之间日益增进的友谊、为朋友们的健康幸福。

干杯！

2. 答谢词

答谢词是指在特定的公共礼仪场合，主人致欢迎辞或欢送词后，客人所发表的对主人的热情接待和多关照表示谢意的讲话。

【例文】

捐赠答谢词

尊敬的各位领导、各位校友、各位嘉宾：

钟灵毓秀，×中学喜庆六秩。腾蛟起凤，天下桃李占鳌头。时维秋冬之交，期逢吉月六日。我们轻歌曼舞，我们结彩张灯，我们以鲜花和笑脸，更以长山松涛般热烈的掌声，谷阳湖水般清纯的真情，感谢您，尊敬的领导、亲爱的校友、盛情的嘉宾！

雄伟美丽的母校离不开您的帮助，蒸蒸日上的×中离不开您的关心。缕缕桑梓情，殷殷学子心，深情厚谊，山高水长。真诚地感谢你们对母校的厚爱、对×中的支持。你们的光临，会使母校大放光彩；你们的鼓励，会使我们干劲倍增；你们的慷慨，将永载×中史册；你们的爱心，将永远铭记在我们师生的心中。

此时此刻，我们无比欣慰，以往的60年岁月，我们是一家人；60年后的今天，我们还是一家人；再过60年，我们永远是一家人！

我们全校师生将勇于开拓，积极进取，以加倍的热情投身到今后的工作和学习中，以优异的成绩回报各位校友，以兴旺的×中回报各界宾朋。

祝出席庆祝活动的各级领导、各位校友、各位嘉宾身体健康、工作顺利、合家幸福、万事如意！

3. 祝酒词

祝酒词是指在酒席宴会的开始，主人表示热烈欢迎，亲切问候，诚挚感谢，客人进行答谢并表示衷心祝愿的应酬之辞，是招待宾客的一种礼仪形式。

【例文】

春节家庭聚会祝酒词

敬爱的长辈们：

晚上好！

新春共饮团圆酒，家家幸福迎新年。在今天这个辞旧迎新的日子里，我谨代表晚辈们，对在座的各位长辈说出我们的感谢和祝福……

在生命的旅途中，感谢你们的扶持和安慰，让我们在疲惫时停留在爱的港湾，沐浴着温暖的目光，在困难时听到不懈的激励，在满足前理解淡然的和谐之美。

谢谢，感谢有你们陪伴一起走过的每个日夜！新年新祝福，祝愿长辈们在新的一年里身体健康、心情愉快、生活幸福。干杯！

人生得意须尽欢，莫使金樽空对月。

万水千山总是情，少喝一杯就不行！

4. 祝寿词

祝寿词是指单位或个人为年长者的生日或特定的日子在举行宴会活动时所表达的祝福健康长寿之词。

【例文】

祝 寿 词

尊敬的各位来宾，各位亲朋好友：

春秋迭易，岁月轮回，当甲申新春迈着轻盈的脚步向我们款款走来的时候，我们欢聚在这里，为尊敬的奶奶共祝80大寿。

在这里，我首先代表所有亲朋好友向奶奶送上最真诚、最温馨的祝福，祝奶奶福如东海，寿比南山，健康如意，福乐绵绵，笑口常开，益寿延年！

风风雨雨80年，奶奶阅尽人间沧桑，她一生中积累的最大财富是她那勤劳善良的朴素品格、她那宽厚待人的处世之道、她那严爱有加的朴实家风。这一切，伴随她经历了坎坷的岁月，更伴随她迎来了今天晚年幸福的生活。

嘉宾光临，笑指青山来献寿。百岁平安，人共梅花老岁寒。今天，这里高朋满座，让寒冷的冬天有了春天般的温暖。

君颂南山是说南山春不老，我倾北海希如北海量尤深。最后还是让我们献上最衷心的祝愿，祝福奶奶生活之树常绿，生命之水长流，寿诞快乐，春晖永绽！

祝福在座的所有来宾身体健康、工作顺利、合家欢乐、万事如意！

谢谢大家！

×××
××××年××月××日

5. 题词

题词是礼仪类应用文体之一，是为给人、物或事留作纪念而题写的文字。

【例文】

2001年10月，华东师范大学建校50周年，有名人给学校题词："立足上海，面向全国，努力办好华东师范大学，为实施科教兴国战略作出更大贡献。"

6. 赠言

即用良言相勉励，多用于临别之时。

【例文】

辅导员老师赠言

致2020届毕业生：

匠心筑梦，匠行起航，成就工匠人生。希望走出校门的你们"怀匠心，践匠行，做匠人"，无悔于年华，无愧于岁月！

××××学院辅导员×××
2020年6月16日

（四）祝词的写作

祝词的写作格式一般由标题、称呼、正文、结束语、落款五部分组成。

1. 标题

标题写在第一行居中的位置，通常有两种写法：

① 直接写"祝词"；

② 写出具体祝贺的内容，如"在×××典礼（会）上的祝词"；如果是"祝酒词"，可写"×××的祝酒词"；如是祝寿词，可写"给×××的祝寿词"。

2. 称呼

称呼在标题之下第一行顶格书写，以示尊重。称呼要视祝贺对象的身份而定，对人的称呼按照书信写作的要求来写即可；祝单位的直呼单位或部门名称即可，要注意称呼的先后顺序和亲切感。

3. 正文

正文是祝辞的核心，可分几个段落写，其内容一般包括以下几个方面：

① 向受辞方致意，或者说明写祝词的理由或原因。如可以说明自己代表何人或何种组织向受辞方表达祝贺、感谢或问候。

② 对受辞方已取得的成就进行适当评价或指出其意义。

③ 展望未来美好前景，再次表达祝愿、希望、祝贺，也可以给被祝者以鼓励。

4. 结束语

结束语主要写庄重、热烈的祝贺语。正文结束后常用一句礼节性的祝颂语结束全文。

5. 落款

在文末右下方署名（单位或个人）并写上发祝词的年、月、日。如果在标题部分已注明，此处可省略。

四、写作训练

××大学政法学院即将召开第××届团代会,兄弟院系学生组织纷纷表示祝贺。请你代表经济学院学生会草拟一份祝词。

参考答案

单元四　解说词

1. 了解解说词的类型；
2. 掌握解说词的写作方法。

能根据工作需要，拟写出内容准确、格式规范、措辞得体的解说词。

一、模拟任务

请以"我的家乡"为话题，写一篇解说词，在班会上向同学们作介绍。

二、例文鉴赏

【例文】

我的家乡解说词

大家看到的正是六安市的地理图，六安市位于安徽省西部，长江与淮河之间。六安为大别山区域中心城市，地处中国经济最具发展活力的长三角腹地。

大家现在看到的是六安的城市标志——火焰。火焰代表着激情、生命、蓬勃的生机！而这正是当今六安的一种精神风貌！

说到六安，就不得不说说大别山。大别山，是革命的发源地。1947年6月，刘伯承、邓小平率晋冀鲁豫野战军主力，千里跃进大别山，成为中国革命战争中的重大转折。关于大别山的来历，也是有说法的，有一个说法带有神话色彩，据说在洪荒之世，天地浑然一体，亿万生灵被挤压在昏暗的天地之间，后来有一座山升起，用它的脊梁把苍天高高撑起，从此有了天地之分，万物生灵也得以获得光明。由于这座山分出了天和地，分出了白天和黑夜，使天地有别，故取名为大别山。

六安的名胜美景，数不胜数。说完名胜，咱再说名人，六安的历史名人也很多，淮南王、周瑜、孙叔敖等均在历史的长河中击打出大大的浪花，为历史抹上浓墨重彩的一笔！六安的茶也是茶中精品，六安瓜片、霍山黄芽，也是驰名远扬！

三、必备知识

（一）解说词的使用范围

解说词是对人物生平事迹、旅游景点、展览陈列品（包括实物、图片）、影视新闻纪录片的画面等进行解释、说明的一种应用性文体。它通过对事物的准确描述，生动渲染，来感染听众或观众，使其了解事物的实情、状态和意义等，收到寓教育于解说之中的宣传效果。

解说词有影视作品解说词、文物古迹解说词、专题展览解说词、导游解说词、产品展销解说词、摄影图片解说词等。

（二）解说词的特点

1. 结构形式的分合性

解说词是一个有机的整体，但各个部分又有相对的独立性。分，指将各个画面或场景的解说词写成有独立性的片断；合，指按时间或空间的顺序将各个画面、各个景点的内容组织成一篇完整的解说词。解说词有分有合，合中有分，分中有合，节段分明。

2. 表达方式的多样性

解说词的主要表达方法是叙述和说明，有时也采用叙述、说明、描写、抒情、议论相结合的表达方式。它的写作形式多样，方法灵活，可用平实的语言，也可用文学的语言；可用散文形式，也可用韵文形式；可采用描述型、说明介绍型、分析型等写作形式。

3. 语言表述的可听性

解说词是"口头文学"，它一般配合实物或图画，依靠文字对事物、事件或人物进行描述、叙说，以此来感染观众或听众。它的语言表述有文艺性、大众化、实用性等特点。优秀的解说词，往往是夹叙夹议的散文或散文诗，条理清楚，深入浅出，语言形象，情感充沛，使人身临其境，产生强烈的共鸣共情。

（三）解说词的种类

根据解说对象的不同，解说词可分为影视作品解说词、文物古迹解说词、专题展览解说词，这几种类型的解说词在写法上有较大的差异。

1. 影视作品解说词

影视作品解说词是电影播出过程中配合画面同时播出的一种说明性语言。较常用于新闻纪录电影、科学教育电影等传播形式中。它的主要作用是介绍和叙述单纯用画面无法表达的内容，有时也通过解说词抒发编导者的感情，或者就节目内容发表一些议论。

影视作品解说词要扣住画面的内容，按画面转换的顺序编写，并且要将真情实感融入解说词中，做到以情动人。影视作品解说词的文体形式多样，可写成一篇结构完整的新闻，可写成一篇富有文采的抒情性散文，也可扣住画面的主要内容写成若干个相对独立的片断性解

说词。

【例文】

电视片《壮丽的长江三峡》解说词（节选）

这三个峡各有其特点。瞿塘峡以宏伟雄壮著称，巫峡以其幽深秀丽而闻名，西陵峡则以滩多险峻而惊人。三峡胜景丰富多彩，更有许许多多的名胜古迹，流传着奇妙动人的神话故事，令人无限神往。古往今来，多少诗人画家、名士高人慕名而来，为其吟诗作画，描绘和赞美它的千姿万态。游览三峡，饱览奇光异景，是一种非常美妙的享受。

（资料来源：电视纪录片《壮丽的长江三峡》解说词）

2. 文物古迹解说词

文物古迹解说词是指面对着一些古代建筑、文物、古董等，通过导游员的解说，带领参观者重温历史，再现昨日故事，加深参观者的认识和感受。

文物古迹解说词在表达方式上以说明和描写为主，一般要根据解说对象的情况，说明其特点价值、有关传说、史实、成因、影响等，侧重通俗性和趣味性。其结构方式一般采用空间转换式。

【例文】

趵突泉解说词（节选）

誉为济南72名泉之首的趵突泉，是泉城济南的象征与标志，位于济南市中心，中华人民共和国成立后建为趵突泉公园。趵突泉与千佛山、大明湖并称为济南三大名胜。

趵突泉古称"泺"，早在2 600年前的编年史《春秋》上就有"鲁桓公会齐侯于泺"的记载。北魏郦道元的《水经注》也写道："泺水出历城县故城西南，泉涌上奋，水涌若轮。"北宋诗人曾巩任齐州知州时，在泉边建"泺源堂"，并写了一篇《齐州二堂记》，正式赋予泺水以"趵突泉"的名称。"趵突"不仅字面古雅，而且音义兼顾。一以"趵突"形容泉水"跳跃"之状、喷腾不息之势；同时又以"趵突"摹拟泉水喷涌时"卜嘟""卜嘟"之声，可谓绝妙绝佳。

3. 专题展览解说词

专题展览解说词是指对某个主题的陈列展示内容（包括实物、图片）进行解说的解说词，如人物事迹展览、成果展、艺术展解说词等。

专题展览解说词以介绍人物的经历、事迹，事物的来历、沿革、价值等为主要目的，让观众了解眼前的人物、事物所反映、所蕴含的深层次意义。这类解说词以说明为主，只是在对人物、事物作评价时才用议论和抒情。

【例文】

搏·艺——华夏体育文物特展

体育活动源于人类的生产劳动实践。在数万年前，投掷、射箭、游泳、奔跑、跳跃、攀登以及舞蹈等日常生活中最经常的肢体活动，演化为人类最初的体育运动形式。现代体育竞技的很多项目，都能在中国古代体育当中找到影子。

"搏·艺——华夏体育文物特展"遴选出古代体育文物175件（套）参展，其中国家一级文物 12 件（套）、二级文物 13 件（套）、三级文物 108 件（套），用文物讲历史，让观众直观地了解我国传统体育的丰富内涵及其发展演变，展示华夏古代体育之丰富多彩，唤醒民族自信之记忆，追寻传统文化之根源。

展览分为"中华体育　源远流长——史前体育""君子六艺　儒者知兵——射艺与射礼""百马同辔　骋足并驰——骑御与田猎""内外兼修　形神兼备——以武强身与导引养生""球场竞技　健儿英姿——球类运动""博弈天下　修养人生——棋类运动""百戏游艺　忘忧清乐——休闲体育""绚丽多彩　雄姿勃发——少数民族体育"共八个部分。详细介绍了各类古代体育运动项目，这些项目中既有骑马、武术、垂钓、棋类等健身娱乐类运动，也有摔跤、龙舟、蹴鞠、打马球等体育竞技类运动，内容丰富，形式多样。

（资料来源：郑州博物馆 hnzzmuseum.com）

（四）解说词的写作

解说词的结构分标题、开头、主体、结尾四个部分，其结构原则与一般文章的结构原则大致一样。解说词的写法因被解说的事物不同而千差万别，大体上有三种形式：

1. 穿插式

即穿插在电影、电视剧的剧情进展中，三言两语，简要介绍有关人物和事件，使观众更透彻地理解剧情。

2. 特写式

即就某个实物或画面作介绍，文物古迹解说词、专题展览解说词等均属此类。它要求重点突出地介绍有关知识，给观众以视觉上的补充。

3. 文章式

即用文章的形式来介绍被解说的对象。纪实性的电影、电视专题片的解说词均属此类。它既是一篇完整的文章，同时又要紧扣被解说的对象，因物或因事而行文。

四、写作训练

你的同学或亲友要来你就读的学校参观，请你准备一篇介绍本校情况的解说词。

参考答案

单元五 消息

1. 了解消息的类型；
2. 掌握消息的写作方法。

能根据工作需要，拟写出内容准确、格式规范、措辞得体的消息。

一、模拟任务

请你就近期校园内发生的大事情拟写一则消息。

二、例文鉴赏

【例文】

我校第 20 届田径运动会圆满落幕

本报讯　11 月 27 日上午，我校第 20 届田径运动会圆满结束，并在山顶足球场举行了闭幕式。

大赛裁判组副裁判长胡××宣布了此次运动会比赛成绩：运输物流学院获团体总分第一名、机电工程学院获团体总分第二名、信息工程学院获团体总分第三名，本届运动会信息工程学院陈××打破男子 400 米赛纪录。基础课部主任段××宣布精神文明奖：机车车辆学院获精神文明一等奖，运输物流学院、机电工程学院获精神文明二等奖，铁道工程学院、电气工程学院、信息工程学院、外语商贸学院获精神文明三等奖；国旗护卫队、旗队和花队获精神文明特别奖。随后，学校领导为获奖集体颁奖。

最后，学校党委副书记王××致闭幕词，他对全校师生在此次运动会上的表现给予高度赞扬，也表达了对同学们的殷切期望，并宣布学院第 20 届田径运动会圆满落幕。

三、必备知识

（一）消息的使用范围

消息是以简明的文字迅速及时地报道最新事实的短篇新闻宣传文书，是最常见、最经常采用的新闻体裁。

消息一般有六个要素，即时间、地点、人物及事件发生的原因、经过、结果。当然，并不是每一则消息都必须包括这六个要素，有时根据情况也可省去一两个。

（二）消息的特点

1. 新

即及时报道最新的事实。从时间上说，它报道的是新近发生的事情；从内容上说，它反映的是新鲜、新奇的事情。

2. 真

即报道真实发生的事件。它报道的内容必须是真实的。真实是新闻的生命。

3. 快

即报道及时快速。消息要快速快捷地反映现实。

4. 短

即文字简明扼要。消息一般笔墨集中，篇幅短小，所以有"电报文体"之称。

（三）消息的种类

我国新闻界较为通行的分法是按写作特点把消息分成四种：动态消息、综合消息、典型消息、评述消息。

1. 动态消息

动态消息也称动态新闻，指迅速、及时、准确地报道国内外重大事件和社会生活中的新鲜事物、新情况、新变动、新成就。动态消息以叙述为主，用事实说话，有不少是简讯（短讯、简明新闻），常常一事一讯，内容更加单一，文字简明，篇幅短小。

【例文】

汕汕铁路项目部开展篮球比赛促进友好交流
"咱中铁兄弟球打得不错啊""这球绝妙"

7月7日18点，在××公司汕汕铁路项目部的篮球场上，正如火如荼地进行着"凝心聚力促发展，砥砺奋进勇担当"篮球友谊赛。

此次篮球比赛由××公司汕汕铁路项目部主办，采取巡回积分赛制，项目部、一分部、二分部积极响应，分别派出一支队伍参加比赛。

赛场上，各个队伍上下一心、配合默契，本着"友谊第一，比赛第二"的精神积极投入战斗，打出了气势与力量。来不及看清那纵身一跃，激发出篮球与篮筐的碰撞，加上令人紧张的抢篮板环节，阵阵掌声、欢呼声、喝彩声充斥整个赛场。经过激烈的角逐，一分部、二

分部、项目部分别获得一、二、三等奖。

汕汕铁路项目部指挥长唐总为颁奖仪式致词,再次鼓舞了士气,所有人都拧成了一股绳。球赛切磋过后,在积极欢乐的氛围下,各队伍展开了友好交流。

此次篮球赛既加强了各分部之间的团队协作,又促进了项目部与分部门间的交流合作,同时也凝聚了××公司汕汕铁路项目部的人心,展示了他们敢于拼搏、团结协作的精神风貌。

(资料来源:中国日报网 chinadaily.com.cn)

2. 综合消息

综合消息也称综合新闻,指的是综合反映带有全局性情况、动向、成就和问题的消息报道。它的报道范围广、声势大。它既要有基本情况的概括,又要有典型事例的叙述。

【例文】

"高铁+扶贫"让乡村振兴驶入"快车道"

据中国经济网报道,中国国家铁路集团有限公司与栾川县结对帮扶以来,累计投入帮扶资金7 353万元,利用铁路行业优势,推行"高铁+扶贫"的精准帮扶模式,实施基础设施建设、特色产业发展、教育、医疗、党建等97个扶贫项目,受益群众达10万余人。

毋庸置疑,"高铁+扶贫"的精准帮扶模式让栾川县脱贫工作能够更加贴近百姓生活,有利于打造深山区县特色经济。利用高铁,把生态旅游融入扶贫产业,既能保护好自然,也能够增加收入。同时,高铁的通达还可以改善当地百姓的出行条件,让当地特色果蔬、农产品等可以走出山村。高铁线带动沿线经济发展让山区人民享受到了实惠,也让扶贫攻坚有了更多选择。

坚决打赢脱贫攻坚战,让贫困人口和贫困地区同全国一道进入全面小康社会,是我们党的庄严承诺。中国国家铁路集团有限公司高度重视精准扶贫工作,充分发挥铁路行业优势,聚焦"两不愁三保障",结合交通强国、铁路先行目标任务,持续助力定点扶贫地区脱贫攻坚。铁路部门始终秉承着"人民铁路为人民"的服务宗旨,以高铁为纽带,让农村经济走进铁路,也让铁路发展带动农村发展。

贫困地区之所以发展受阻,道路不畅占比较重,只有打通道路壁垒,拓宽交易物流渠道,才能更有力地促进地区经济发展。因此,铁路部门要不断创新发展扶贫理念,制定更好的铁路扶贫工作发展策略,为贫困地区的经济发展奠定坚固的交通基础,让越来越多的地区搭上经济发展的"快车道"。

民之所望,心之所向。国铁集团创新扶贫举措,投入使用消费扶贫柜,旅客通过扫码开柜、挑选商品、关门结算简单的3个步骤即可购买产品,同时还可通过扫描柜体侧面展示的"铁路12306""中铁快运商城""掌上高铁"二维码,登录铁路电商扶贫平台进行线上订购。这样的举措在广大旅客和贫困群众间搭起了精准扶贫、合力攻坚的桥梁,打通服务群众的"最后一公里"。

小康不小康,关键看老乡。铁路扶贫的触角遍地延伸,为老百姓带来了实实在在的幸福。这是铁路人的历史使命,也是诠释"人民铁路为人民"的生动案例,相信"有作为、有担当"的铁路人还将继续为人民生活更加美好贡献自己的力量。

3. 典型消息

典型消息也称典型新闻,指的是对一定时期内产生的典型人物、事件、单位的经验教训或成功做法的集中报道，用以带动全局，指导一般类似问题。

【例文】

左春秀：党龄70年，奉献70载

"奶奶，能让我在这儿充会儿电吗？"

"奶奶，81路公交站牌在哪里啊？"

盛夏，郑州的上午，骄阳似火，而在郑州火车站西广场的一座红房子里，一位老人正忙个不停，这边刚帮旅客换零币，那边又赶紧为旅客递上"指路条"……老人名叫左春秀。70，不是她的年龄，而是她的党龄。

1933年3月，左春秀出生在一个革命家庭，父母都是党的地下工作者。左春秀家也因此成为党组织在村里的一个活动点，地下工作者在她家秘密会谈时，年仅10岁的左春秀就站在门外盯岗放哨。

16岁时，左春秀正式加入中国共产党。1950年起，左春秀参加郑州铁路工作，在职39年间，不管在哪个岗位上，左春秀始终跟着党走、始终心系旅客。1978年，左春秀担任售票车间党支部书记，一干就是7个年头，服务旅客成了她最快乐的事。

"一抽票、二看号、三打算盘、四贴条。"提起硬板票的年代，左春秀记忆犹新。当时正赶上改革开放，南下务工流开始出现，车票一票难求。要减少旅客等待时间，售票员动作就要快。为此，左春秀在每周二、四、六都要组织售票员进行业务学习，只为旅客少等一分钟，只为不少找旅客一分钱。

由过去谈到现在，左春秀由衷地说，"比起从前的硬板票，现在多好啊，电子车票几秒钟就打出来了，有的车站还能刷脸进站。"这些年来车站的变化，左春秀看在眼里、乐在心里。

1989年，为铁路服务了大半辈子的左春秀光荣离休。那时恰逢全国铁路春运大潮，看到出门在外的人有难处，左春秀就有了想法，"只要旅客需要我，我就不休息。"为了这句承诺，她"离而不休"，号召老同志志愿服务春运。

1993年，在左春秀的发动下，十几名老同志成立了老年义务服务队。队伍成立之初，火车站广场上的两张桌子、几条板凳就组成了他们为旅客服务的"露天服务站"。左春秀说，"刚来这儿服务时，我们几个老同志凑钱买了5个新水壶，每天来的时候从家拎一壶开水，给过往的旅客提供免费茶水，条件虽苦，但大家都没有怨言。"无论是烈日炎炎的夏天还是寒风凛冽的冬天，这些老人就这样坚持了20多年。

2013年7月下旬，由郑州市文明办牵头，在郑州火车站东、西广场建立了两座学雷锋志愿服务站，为志愿者们提供更舒适的服务环境、创造更完备的服务条件。

"我最难忘的是2014年10月5日，当时开导了一位心情不好的中年旅客，说话之余，他把我当成他的母亲。临上车前20分钟，这位旅客在我工作的'红房子'外磕头表示感谢。"左春秀说，"别人并不知道你是谁，但他们知道这是河南郑州，举手之劳，帮助了别人，也给我们郑州增光添彩。"

这份不求回报的志愿服务，左春秀一干就是20多年，在她的带动下，先后参与义务服务人数共计170余人，帮助旅客解决各类难题2万多个，收到感谢信200余封。

2012年春运，左春秀身患腰椎间盘突出，虽然手术治疗后影响到日常行动，但她依然

每天坚持用 40 分钟时间，手扶推车缓慢走到郑州车站西广场服务站，进行 2 小时志愿服务。因腿脚不便，左春秀在做志愿服务工作期间从不喝水，以减少去厕所的次数。

互联网时代的巨大变化，让左春秀感慨万分。她注意到，充电、问路、供水……已经满足不了旅客日常化服务需求。"咱们也该与时俱进啦！"左春秀对老伙伴们说。自此，老年雷锋团平均年龄 67 岁的老人们拿起智能手机，下载电子支付、电子地图、翻译工具等软件，为旅客提供更加多元化的服务。

一面旗帜，映红百年火车站；一个窗口，传播人间真善美；一名党员，温暖旅客出行路。

（资料来源：《人民日报》2019 年 08 月 13 日 19 版）

4. 述评消息

述评消息也称新闻述评，它除了具有动态消息的一般特征外，还往往在叙述新闻事实的同时，由作者直接发出一些必要的议论，简明地表达作者的观点。如时事述评、思想述评、工作述评等。

【例文】

礼赞好司机，致敬真英雄

生死关头见英雄，危难时刻显本色。总有一群人，倾一己之力、履一生之诺，践行着用生命守护生命的誓言，传递着超越时间和地域的力量。D2809 次列车值乘司机杨勇，就是这么一位当之无愧的真英雄。

6 月 4 日上午，贵广铁路 D2809 次列车行驶在贵广线榕江站进站前的月寨隧道口时，撞上突发溜坍侵入线路的泥石流。情况万分紧急，乘客危在旦夕。杨勇果断停车，撂下了生命中的最后一把闸，救下了满满一车人，却唯独没有保全他自己。5 秒钟的反应时间、900 多米的制动距离，没有片刻犹豫。正如网友评论的那样："人如其名，他担起了名字中的'勇'字。"这是临危不惧的职业素养，更是舍我其谁的使命担当。

直面生死、力挽狂澜，常人难以做到甚至无法想象的壮举，在杨勇生前的战友眼里这一切都有了合理的解释，"他是一名退伍军人、一名优秀的党员，对他做出这样的选择并不意外"。在事故的抢险现场，救援人员搜集到杨勇的几件遗物，其中就包括一本皱巴巴的《动车组司机手账》。封面上，"没有错停，只有盲行"的笔迹映入眼帘；扉页里，"最后一道关，荣辱一把闸"的大字清晰可见。只言片语，是一丝不苟的认真劲；字里行间，是恪尽职守的责任心。正是这样的坚守和秉持，让普通的司机"杨师傅"成为伟岸的英雄杨勇，迸发出令人震撼的澎湃力量，奏响了无私无畏的生命赞歌。

从来都没有理所当然的英雄，也没有凭空而来的楷模。老同事回忆道："每一个起势收手是否标准、每一次呼唤应答是否到位，他总是会事无巨细地提示我。"老战友缅怀起："每次结束巡逻任务，他都要把车擦得干干净净加满油才去休息，保证有任务能随时出发。"平凡铸就伟大，英雄来自人民。平常时候看得出来、关键时刻站得出来、危难关头豁得出来，再普通的善举，日复一日，也将成为不普通的伟大；再平凡的言行，坚持不懈，也能成为不平凡的英雄。

茁壮成长的树木，需要高耸入云的枝干，也需要茂密厚实的根系；充满希望的民族，不仅要有仰望星空的高度，也要有根植深培的厚度。或勇毅，或执着，或善良，或奉献……正是一位位如杨勇般的平民英雄，凭借感人肺腑的力量、牵动人心的震撼和发自内心的选择，让温情得以传递、和谐得以凝造、美好得以创造。在这个意义上来说，缅怀英雄，就要让昨天的感动化为今天的力量，让蓬勃的感情成为奋进的动力。致敬英雄，就要让更多人在油然而生的责任感、使命感中，追逐顶天立地的"英雄梦"，书写属于自己的传奇。

岂曰无声，山河为证，人心即名。在时间长河里，在慨然天地间，英雄从未走远，故事未完待续。铭记他们，更要成为他们，这才是一个蔚然成风的社会、一个英雄辈出的民族。

（资料来源：人民网 people.com.cn）

（四）消息的写作

消息一般由标题、导语、主体、背景和结语组成。常按照"最重要—重要—次重要"的顺序安排材料。

1. 标题
消息的标题是提示消息主要内容并以醒目的形式刊出的简短文字。

2. 导语
导语一般为消息的第一段或第一句话，有时也可由两个甚至两个以上的自然段组成，称为复合导语。它报道消息的主要内容，一般由新闻要素中最主要的要素提炼构成。

3. 主体
主体是消息的主要部分，对消息事实作具体的叙述与展开。它紧承导语，对导语中简要表述的内容进一步用事实作具体的阐述、解释或回答，对导语中未提到的次要材料进行补充说明。

4. 背景
背景材料指的是事件发生的历史环境和原因，它说明事件发生的具体条件、性质和意义，它并不是消息结构上的一个独立部分，也不是每篇消息都有的。

5. 结语
结语即结尾，是消息的结束语，阐明消息所述事实的意义。

四、写作训练

根据下列信息，写一则消息。

① 世博会志愿者服装于3月12日在上海正式发布，一同发布的还有志愿者主题歌曲。

② 发布会在行驶在黄浦江中的国际邮轮"新鉴真号"上举行，由上海世博会志愿者部主办。

③ 志愿者服装一共有两大类：一类是园区内志愿者服装，为白、绿色彩搭配，体现了和谐、洁净与创新的主题；一类是园区外的志愿者服装，以蓝色为基调，象征着天空和大海的博大，它的设计主题是"城市有我更可爱"。

④ 志愿者服装在面料选材上，使用天然、环保的棉质材料，在制作工艺上，运用具有高科技含量的编织技术，具有防雨防风排汗等功能。

要求：自拟标题；正文不超过100字。

参考答案

单元六　通讯

学习目标

1. 了解通讯的类型；
2. 掌握通讯的写作方法。

预期成果

根据工作需要，拟写出内容准确、格式规范、措辞得体的通讯。

一、模拟任务

近期，学校举行了"榜样力量"表彰大会，请为你心目中的榜样写一篇人物通讯。

二、例文鉴赏

【例文】

一年一个冠军，三年三连冠
——记经济管理学院"体育榜样"林某某风采

2020年11月18日，当第20届校运会闭幕式上总裁判长宣布男子400米项目纪录被刷新，而冠军获得者为经济管理学院的林某某时，全院同学为之欢呼喝彩。他们知道，成绩取得来之不易，林某某创造了"一年一个冠军，三年三连冠"的奇迹！校运会，留下的不只是华丽的数字记录，还有所有运动员努力过的痕迹。让我们近距离地去接触运动员，了解他们背后的故事。

一、一往无前，不断超越

林某某，2018级金融管理专业学生，入校三年来，一年破一个纪录。本次校运会他获得了男子400米跑冠军，并以14.89秒的成绩打破了自己在上届运动会上创下的学校最高纪录。在采访中我们了解到，他是学院田径队的一员，运动是他的爱好，为迎校运，他每天坚持练习，不断改进自己的动作并完善技术，即使在很忙很疲惫时，只要想到自己定下的目标，他依然坚持，继续努力。他说："我想要不断进步，不断超越。"当站在赛场上时，他只有一个信念：相信自己，一定能行！在得知自己破了学院纪录后，他却只觉得自己完成了一个目标，需要再次寻找下一个目标获得更大的进步。

二、天道酬勤，永不止步

殊不知，他的永不止步不仅仅是在运动场上，还表现在学习和工作中。他是上一年的国家励志奖学金获得者、前一任勤工助学校卫队队长，曾荣获学院"三好学生""勤工助学先进个人"等多项表彰。正是这种踏实、这种上进心，才使林某某一次次创下纪录，一次次打破纪录。

三、必备知识

（一）通讯的使用范围

通讯是新闻体裁的一种，它以叙述、描写和评论等多种方法，对事情、人物、经验、问题等进行比较详细、生动的报道。通讯是由消息发展而来的，可以说是消息内容的扩充。

（二）通讯的特点

1. 新闻性

通讯是反映新闻事件或典型人物的一种新闻报道形式。它要求报道的内容真实客观，不弄虚作假，不盲目夸大，同时具有较强的时效性。

2. 评论性

通讯须运用夹叙夹议的方法对人或事作出直接的评论。消息是以事实说话，除述评消息外，一般不允许作者直接发表议论。通讯则要求在报道人物或事件的同时，表达记者的感情与倾向。因此通讯的评论是一种通过描写、叙述、抒情等表达手段进行的议论，它的特点是以情感人，理在情中。

3. 完整性

通讯须相对完整、具体地报道人物或事物的过程。消息侧重写事，叙述简明扼要，一般不展开情节。通讯可写人物也可写事件，其材料比消息丰富、全面，容量比消息厚实、充足。它要求详尽、具体地报道事件的经过、演绎人物的命运，充分展开情节，甚至描写细节和场面。

4. 文学性

通讯，尤其是人物通讯具有一定的文学色彩。消息在表达上主要是平面的叙述，评议追求简洁、明快、准确。通讯则较多借用文学手段，可以描写、抒情、对话，可以用比喻、象征、拟人等修辞。因此通讯在语言和表达方法上都具有一定的文学性，它在报道真实的人和事的过程中，善于再现情景，生动形象，给人以立体感、现场感。

（三）通讯的种类

1. 人物通讯

人物通讯是用来报道新闻人物典型事实的一种通讯体裁。这种通讯的篇幅一般较长，着重描述人物的言行和事迹，反映人物的个性特点和精神面貌。

【例文】

钟南山：敢医敢言，危急时刻彰显大医情怀

2020年新春伊始，突如其来的新冠肺炎疫情，让全国人民经历了一个非同寻常的春节，一场没有硝烟的战斗从武汉拉开序幕。在人民群众的生命安全和身体健康受到疫情威胁时，全国医护人员不顾个人安危挺身而出，前赴后继，以大无畏的革命精神和舍我其谁的勇气，毅然决然地奔赴抗击疫情第一线，用血肉之躯筑起救死扶伤的铜墙铁壁；用精湛的医术、无微不至的关心和体贴给患者带来信心和希望。

每当国家有难，中华医学会总是挺身而出。在此次疫情防控中，中华医学会在国家卫生健康委、中国科协的领导下，推荐多位高级专家和相关专家，充分发挥学会的专家和学术资源优势，积极帮助政府部门编写诊疗和防控规范、提供学术资源、开展科普宣传、争取国际援助。

面对新冠肺炎疫情的暴发，中华医学会第23届理事会会长、年届84岁的钟南山院士再次出征！

逆行前线 使命在肩

"没有特殊的情况，就不要去武汉了！"迷雾笼罩的春节前夕，一个让人踏实的声音响起，钟南山重新走进公众的视线，为社会重重敲响了警钟。

然而人们很快发现，钟南山一边在提醒民众，一边却逆行深入武汉。1月18日傍晚，一张钟南山坐高铁的照片"刷屏"网络：在奔赴武汉的高铁餐车一角，他满脸倦容，眉头紧锁，闭目养神，身前是一摞刚刚翻看的文件。这次小憩，是他连续4天96小时奔走北京、广州、武汉的一瞬间。1月19日，他一早前往武汉金银潭医院和武汉疾控中心了解情况；下午开会到5点后，飞往北京，奔赴国家卫生健康委开会，直到第二天凌晨2点才睡下。1月20日早上6点，他开始了高强度的工作，接连出席了全国电视电话会议、新闻发布会、媒体直播连线。1月21日下午4点，他参加广东省政府新闻发布会，通报疫情……

无论在广州、武汉，还是在北京，自从疫情暴发以来，钟南山一直为疫情奔走着。即使上了飞机，他也不肯休息，坚持工作，研究危重患者的治疗方案，并认真地做记录。单看他的工作日程安排，谁能猜到这是一位84岁高龄的老人？

穿上这身白衣，便选择全力以赴。在钟南山的榜样指引下，全国4万余名医务工作者奔赴湖北。他们恪尽职守、一丝不苟，只因医者仁心，不辱使命。

……

（资料来源：中华医学会 cma.org.cn）

2. 事件通讯

事件通讯是报道具有典型新闻意义的新闻事件的通讯体裁。它注重报道有强烈新闻性的典型事件，较为详细完整地介绍事件的来龙去脉、发展过程及其作用和影响。事件通讯以记事为主，一般有一个中心事件，其他的人和事都是围绕着这件事展开的。

【例文】

广州市第一人民医院 54 人"最强天团"驰援武汉

——他们是最美逆行者

2月21日中午，广州市再派57名医护人员出征支援湖北，接管武汉医院危重病区。出征的57人中，有54人来自广州市第一人民医院（以下简称市一），3人来自广州市妇女儿童医疗中心。广州市成建制派出医卫队伍到湖北抗疫一线两批次一共133人。

市一54名队员中包括医生14名、护士40名，三分之一是武汉前线最缺的重症医学科和呼吸与危重症医学科专家，分管医疗的副院长余纳带队，组成精锐之师，力挺武汉打赢"歼灭战"。"前方最缺什么我们就准备什么，培训什么，19日晚，我们负责重症监护的杨智刚刚为荆州一线的医务人员远程直播，培训密闭式吸痰和临床操作流程，今天又送他出征武汉。"市一医院曹杰院长表示。

据悉，医疗队中近一半是共产党员，医院党委成立了援鄂医疗队临时党支部，充分发挥基层党组织战斗堡垒作用和党员先锋模范作用，由领队余纳担任临时党支部书记，杨智担任副书记，赵俊、周豪、苏远清担任临时党支部委员。

此次，医院为每位医疗队员准备了14天的医疗和生活物资，分为4大类107种，包括防护用品、生活用品、食品和药物等，为支援武汉等医务工作者提供强有力的后方支援。

疫情发生后，广州市第一人民医院医务人员积极响应，踊跃报名，极短时间内就成立了455人的支援队伍，包括三个院区的医疗、护理、检验、放射以及管理人员，其中也不乏离退休人员。这批队伍，医生130人，护理291人，检验和放射技师31人，管理人员3人。先后派出五批次共70名医疗队员驰援武汉、荆州、毕节和市八。其中湖北地区58名，贵州毕节地区2名，市八医院10名。

在这次援鄂医疗队的名单中，"90后"是一个耀眼点，出征的医疗队员中有17名"90后"。"90后"的团干部陈智芳是一个湖北人，她说"作为一个湖北人，这次回去支援，其实我觉得我不是逆行者，我是一个归家人！"

（资料来源：南方都市报nandu.com）

3. 工作通讯

工作通讯是通过报道分析当前实际工作中的经验、问题、教训，以指导、推动工作进展的通讯形式。这类通讯面对广大受众，有现实针对性，容量较大，多以第三人称作客观报道，着重反映实际工作中的经验或教训。

【例文】

巢湖市槐林镇：精准扶贫"一个都不能少"

"在扶贫路上，不能落下一个贫困家庭，丢下一个贫困群众。"自脱贫攻坚战打响以来，巢湖市槐林镇不断在精准上下功夫，在产业扶贫上做文章，在巩固脱贫成效上出实招，全力助推脱贫攻坚。

精准是脱贫攻坚的前提、核心、关键，槐林镇紧扣精准这个关键，落实"户村申请，村评议，镇审核"识贫工作程序，最终确定全镇贫困村2个，贫困户1 379户、2 745人，将所有贫困户信息全部录入信息平台，做到"识真贫、扶真贫、真扶贫"。

近年来，槐林镇党委政府将传统渔网产业确定为全镇产业扶贫的发展方向，先后投入扶贫资金1 798.17万元，建成8个渔业扶贫产业基地、5个扶贫车间、4个产业园，直接分红惠及贫困户2 213人，到村覆盖率100%。通过不断壮大渔网产业扶贫，积极引导贫困户实现居家就业。2019年，全镇1 182户贫困户实现全部脱贫，其中行动不便或出门务工不便的贫困户509户，均通过渔网产业实现居家就业，有了稳定收入。

"脱贫不返贫"是检验脱贫持续性的检验标尺。槐林镇积极凝聚多方力量，组织贫困群众开展技能培训，让贫困群众用自己的双手增收致富，筑牢防范返贫致贫风险的坚实防线。该镇先后组织渔网编织与加工、茶叶栽培与加工、育婴员、养老护理员、果蔬栽培等多期培训班和创业培训，培训合格学员195人次，全面提升了贫困劳动力的就业创业能力。同时以举办"槐林渔网节"为契机，在全镇开展渔网编织技能赛等活动，营造比学赶超的浓厚氛围，达到扶贫与扶志相结合。

（资料来源：新华网 news.cn，作者：黄庆松　汪圆圆）

4. 风貌通讯

风貌通讯又称概貌通讯，主要是从整体上扼要地报道一方一地的社会面貌、今昔变化、自然风光、风俗习惯等的通讯体裁。这种通讯的题材广泛多样，时空跨度较大，有多种表现形式。

【例文】

广东肇庆"包公遗迹"成"清廉景区"

宋康定元年（1040年）包拯在现广东肇庆做了3年的"市长"，创办了星岩书院，主持修建了当地的丰济仓，在城内外挖掘了7口水井遗址，最终在盛产贡砚的肇庆以"岁满不持一砚归"的清廉著称。

肇庆市旅行社的罗先生11日表示，每次带团，游客都提出看看包青天的遗迹。包拯在肇庆城区的遗址成了"清廉景区"。

肇庆城区城中路原肇庆市第一人民医院，这里曾是包公当年在端州的衙门，墙壁上写有流传千古的《题端州郡斋壁》："清心为治本，直道是身谋。修干终成栋，精钢不作钩。仓充燕雀喜，草尽狐兔悲。往牒有遗训，无贻来者羞。"

有历史记载，包公当年主持开凿了7口水井，其中5口在城内，两口在城外，被后人称为包公井。20世纪90年代初期，肇庆市政府组织人员收集、整理包公的文献资料。原肇庆市博物馆馆长冯咏浩回忆，当时以为包公井只剩下城区三联巷的那口，后来在城区米仓巷又发现了一口古井。

从现场可以看到，该包公井用青砖砌成，口径约50厘米，井水清澈，由于该井一直被当时城外百姓使用，所以得以幸存。而当地三联巷的包公井上已修建了一座凉亭，成了新的旅游景点。

民间流传着包青天在肇庆留下的"岁满不持一砚归"的传说。民间流传在宋仁宗庆历二年（1042年），包拯任满离肇，船经西江羚羊峡突然波浪翻腾，狂风骤起。包公查问手下人，得知当地砚工为表达对包公体恤民情的敬仰，托人送来了一方用黄布裹着的端砚，而手下人见是一方石砚，并非金银珠宝，便收下了。包公得知后，取来端砚抛到江中，顷刻间江面风平浪静。

民间说，包公掷砚处便隆起了一块陆洲，这就是现在的砚洲岛，而包砚的那块黄布，顺流而下，在不远处的西江边形成了一片黄色的沙滩，是现在的"黄布沙"。这就是民间流传的"包公掷砚成洲"的故事。

在肇庆，包公珍贵的手书保存在七星岩景区石室岩的摩崖石刻上，堪称国宝，也成了游人慕名敬仰的景点。

（资料来源：中新网 chinanews.com.cn）

（四）通讯的写作

通讯的写作比较灵活多样，往往没有固定的模式，但总的来讲，还是由标题、开头、主体、结尾四部分构成。

1. 标题

一般采用单行式标题，有的也用引题或副题。其作用主要是烘托或用来交代报道的对象和新闻的来源。如下面两条通讯的标题：

1.2 万套上战场，99 万套当工人，550 万套全球服务——

机器人技术日新月异

美丽心灵

——记"穷人慈善家"胡玉荣

2. 开头

通讯的开头多姿多彩，不拘一格，主要方式为直起式和侧起式。

（1）直起式

即开门见山直述其人其事，直接抒发感情或直接发表见解。如：

在福建寿宁，这座位于大山中的小县城里，勤劳节俭、无私助人的胡玉荣被人亲切地称作"胡大姐""胡阿姨""胡妈妈"。很多闻听她事迹的人，都会竖起大拇指，夸她是"穷人慈善家"。

（2）侧起式

即利用铺垫的方法，源源说起，娓娓道来，然后再进入正题。如：

正在热映的美国暑期大片《终结者4》开创了好莱坞电影的新路：大批机器人"影星"参与了电影拍摄。以前，机器人大战的场景多用计算机合成。导演约瑟夫·麦克金提·尼科尔说，这是为满足日益挑剔的观众的需要，因为演员与切实存在的机器人互动和站在绿背景前拍摄有很大区别。此外，机器人技术的成熟也为实景拍摄创造了条件。

3. 主体

通讯的正文是对报道对象全面、完整的反映，常见的结构有以下几种：

（1）纵式结构

即按事物发展的时间顺序或逻辑递进关系组织材料。

（2）横式结构

即将不同的空间、场景、人物、事件的材料组织在一起。

（3）纵横结合式

即将纵横两种结构有机地组合在一起，以其中一种形式为主，构成通讯的主线，另一种为辅，穿插在其中。

4. 结尾

通讯的结尾可以随着情节的发展自然收尾，也可以专门对全文进行总结，将事件提升到一定的高度或揭示出事件的典型意义。结尾的好坏，直接关系到全篇的成败。通讯的结尾，常用的有总括文旨，提炼升华；承上余波，别开生面；融情入景，借景抒情；关照开头，首尾呼应。

（五）通讯的写作注意事项

1. 主题要明确

有了明确的主题，取舍材料才有标准，起笔、过渡、高潮、结尾才有依据。

2. 材料要精当

按照主题思想的要求，去掂量材料、选取材料；把最能反映事物本质的、具有典型意义的和最有吸引力的材料写进去。

3. 写人离不开事，写事为了写人

写人物通讯固然要写人，就是写事件通讯、概貌通讯、工作通讯，也不能忘记写人。当然，写人离不开写事。离开事例、细节、情节去写人，势必写得空空洞洞。

4. 角度要新颖

写作方法要灵活多样，除叙述外，可以描写、议论，也可以穿插人物对话、自序和作者的体会、感受，既可以用第三人称的报道形式，也可以写成第一人称的访问记、印象记或书信体、日记体等。通讯所报道的新闻事实，可以从各个不同的角度去观察、去反映，若能精心选取最佳角度去写，往往能使稿件陡然增添新意，写得别具一格，引人入胜。

四、写作训练

参考答案

1. 写一篇通讯

广州铁路职业技术学院吴静老师获得广东省"五一劳动奖章"，同台领奖的还有来自广州铁路职业技术学院毕业的两位学生。

请你根据上述材料写一篇通讯。

2. 思考消息和通讯的不同点

 拓展例文

拓展例文

模块五　主持类文书

单元一　主持词

 **学习目标**

1. 了解主持词的类型；
2. 掌握主持词的写作方法。

 **预期成果**

能根据工作需要，拟写出内容准确、格式规范、措辞得体的主持词。

一、模拟任务

你单位计划在 7 月 1 日召开纪念中国共产党成立 100 周年合唱比赛。由你负责写作主持词。你拿到了本次合唱比赛的方案和节目单，你该如何准备这次比赛的主持词？

二、例文鉴赏

【例文】

庆祝建党 100 周年合唱比赛主持词

主持人1：大家晚上好！欢迎来到庆祝建党 100 周年合唱比赛的现场！我是主持人××。

主持人2：我是主持人××。100 年前，在烟雨迷蒙的嘉兴南湖，有一群热血青年，将一艘小小的游船变成了一艘历史的巨轮。

主持人1：100 年前，震惊世界的中国力量悄然涌动，中国命运的指针，从此随着她转动，她有了一个响亮的名字：中国共产党！

主持人2：没有共产党，就没有华夏儿女的骄傲和自豪！

主持人1：没有共产党，就没有中华民族的复兴和辉煌！

主持人2：在这风华正茂的季节里，让我们敞开心扉，释放激情，唱响红色经典！

主持人1：在这风光无限的热土上，让我们纵情放歌，歌唱祖国，抒发时代豪情！下面

159

让我们以热烈的掌声有请公司党委书记××同志为本次合唱比赛致辞。

主持人2：红歌是一种呼唤，它在呼唤红色精神。这种精神经过历史的沉淀，早已根植人心。红歌是中国革命历史真实的写照，是激励我们继续奋斗的号角！首先为大家介绍莅临今晚比赛现场的公司领导，有×××，让我们用热烈的掌声欢迎他们的到来。

本次比赛的评委将由各党支部的书记担任。

主持人1：今晚的合唱比赛共有8支队伍参赛，评委将从队伍秩序、演唱技巧和整体效果等方面给予评分。评分时，将去掉最高分和最低分，取平均得分。比赛将评出一、二、三等奖各一名和优胜奖五名。

下面有请第一支参赛队伍×××党支部，他们带来的曲目是《爱我中华》。

主持人2：1978年，党的十一届三中全会召开之后，为中国农村的全面改革制定了美好的蓝图，短短几年，中国农村发生了翻天覆地的变化，人民生活水平显著提高，祖国生命的旅途，每分每秒，都凝聚着蓬勃生机。

有爱的地方就有梦想，有梦想的地方就有希望，在这希望的田野上，让我们携手并肩，再创美好未来。

请欣赏由×××党支部带来的歌曲《在希望的田野上》。

主持人1：春风又绿神州，华夏再沐朝阳。几多荣辱沉浮，几多盛衰兴亡，几多风霜雪雨，几多烈火刀枪。是党，让华夏儿女奋起抗争；是党，用不屈和执着点亮了14亿人的生命。今夜，我们用歌声传达祝愿，我们用歌声表达赞美。有请……为大家带来歌曲《唱支山歌给党听》！

第一次报分……

第二次报分、颁奖……

结束语

主持人1：无论为党唱多少支赞歌，也说不尽我们对党的热爱。

主持人2：无论为祖国跳多少支舞，也道不尽我们深深的依恋。

主持人1：庆祝建党100周年合唱比赛，到此圆满结束，祝愿我们的党昂首向前，永创辉煌。祝愿祖国越来越好！

三、必备知识

（一）主持词的使用范围

主持词适用于会议或活动中主持人使用，用于说明活动主旨，引导、推动活动展开，串联和衔接前后内容，总结和概括活动情况。

（二）主持词的特点

1. 功能的指导性

主持词是带有指挥性、引导性的讲话，通常贯穿会议、活动始终，直接影响会议与活动的基调、程序、进度、效果。

2. 使用主体的特定性

主持词的使用主体是明确的会议或活动主持人，是供主持人主持活动的讲稿。

主持词的受文对象则是参加会议或活动的全体成员。

3. 一定的灵活性

主持词有明确的串联会议活动的功能，但根据会议、活动的性质不同，主持词的语言具有一定的灵活性。会议主持词注重规范性，切合会议庄重的气氛；节庆活动主持词则相对轻松，切合庆祝节日的喜庆轻松氛围。

4. 较强的时效性

因会议、活动的开展有比较明确的时间，主持词撰写一般应提前知晓活动总体安排、主持人风格等。

（三）主持词的种类

主持词大体上可分为会议主持词、晚会主持词、节庆主持词、赛事主持词、婚礼主持词等。

1. 会议主持词

会议主持词是主持人用于主持代表性会议、工作性会议、专题性会议、联席性会议、纪念性会议、学术性会议等的主持词，是会议主持者在主持会议时使用的带有指挥性、引导性的讲话。

2. 晚会主持词

晚会主持词是主持人用于主持各类晚会的讲稿。

3. 节庆主持词

节庆主持词是主持人用于主持庆祝或纪念重大节日而举办的各类活动，用以介绍来宾、活动宗旨、活动内容、活动程序等的讲稿。

4. 赛事主持词

赛事主持词是用于主持文艺比赛、体育比赛、演讲比赛、知识竞赛、辩论赛、擂台赛等赛事的讲稿。

5. 婚礼主持词

婚礼主持词是用于主持结婚仪式的讲稿。

（四）主持词的写作

1. 标题

标题一般不分正副标题，直接用"会议（活动）名称+主持词"即可，如"××市社区党建工作会议主持词""2021年××公司歌手大奖赛主持词"。

2. 称谓

称谓是会议主持人对广大与会人员的称呼，视不同的与会人员、不同的场合，选用不同的称呼，一般用泛称，如"各位领导""各位来宾""同志们"等。在特殊情况下，如有地位、职务较高的上级领导到会指导工作，可以针对该领导，用特称，如"尊敬的××副部长""尊敬的××厅长"等。

3. 正文

（1）会议主持词

会议主持词的开场白主要是介绍会议召开的背景、主要任务和目的、会议内容，让与会人员对整个会议有全面、总体的了解。中间部分主要是按照会议的安排，依次介绍会议的每项议程，通常为"会议进行第×项，请……""首先，请……""下面，请……"。结尾语主要是从整体上对会议进行概括总结，并对如何贯彻落实会议精神提出要求。

（2）晚会主持词

晚会主持词将晚会主旨贯穿始终。开场白问候来宾、吸引观众、创设情境、导入主题。中间部分灵活借用诗词、散文的形式串联各个节目。结束语圆实有力，将晚会推向高潮。

（3）节庆主持词

节庆主持词是对整个活动的程序进行安排，风格应根据节日庆祝或纪念对象的实际情况和活动内容来进行。一般开场白介绍来宾、活动宗旨、活动内容、活动程序。中间部分串联活动安排，语言简洁真诚、干净利落，结束语祝大家节日快乐。

（4）赛事主持词

赛事主持词风格视比赛内容、环境而定。开场白介绍比赛背景、来宾和比赛规则。中间部分串联参赛项目，宣布比赛结果。结束语余音绕梁。

（5）婚礼主持词

婚礼主持词风格视婚礼主人的身份、地位、工作、社会交往情况而定。一般而言，婚礼主持词应做到热情有趣、生动活泼、幽默诙谐、激越健康、令人愉悦，自始至终热情洋溢，烘托出浓浓的喜庆气氛。开场白致欢迎辞，营造气氛，沟通情感。中间部分串联介绍新人、主婚人、证婚人，并组织新人感恩父母、喝交杯酒等环节。结束语表达祝福和致谢。

四、写作训练

1. 指出下文中存在的主要问题

会议主持词

今天开部门月度工作会，会议有 5 项议程。下面开会。

2. 拟写主持词

学校将举办第 30 期业余党校培训班，请你为培训班开班仪式拟写一份主持词。

参考答案

 拓展例文

拓展例文

模块六 党政机关公文

单元一　通知

1. 了解通知的类型；
2. 掌握通知的写作方法。

能根据工作需要，拟写出内容准确、格式规范、措辞得体的通知。

一、模拟任务

公司计划在 7 月 1 日召开纪念中国共产党成立××周年暨"七一"表彰大会。该项工作由你负责，你会如何传递会议信息？

二、例文鉴赏

【例文】

关于举行庆祝中国共产党成立 100 周年暨"七一"表彰大会的通知

各党总支、直属党支部：

经公司党委研究，定于 2021 年 6 月 30 日举行庆祝中国共产党成立 100 周年暨"七一"表彰大会。现将有关事宜通知如下：

一、会议时间

2021 年 6 月 30 日（星期三）下午 14:30。

二、会议地点

学术报告厅。

三、参加人员

公司领导，全体中层以上干部、各党支部书记，各二级党组织参会代表（各 5 人），

以及"学习强国"学习标兵、"爱学爱行"视频风采展示活动、党建理论研究征文活动、先进党组织、优秀共产党员、优秀党务工作者的获奖代表（具体由党委组织部、党委宣传部通知）。

四、会议要求

① 请各单位通知本单位人员参会。

② 请参会人员佩戴党徽，提前 15 分钟入场，全程佩戴口罩、隔空就座。

③ 参会人员要严格遵守会场纪律，将手机关闭或调为静音，自觉维护会场秩序。

特此通知。

党委办公室

2021 年 6 月 28 日

三、必备知识

（一）通知的使用范围

通知适用于发布、传达要求下级机关执行和有关单位周知或者执行的事项，批转、转发公文。

（二）通知的特点

1. 功能的多样性

通知的功能非常丰富，可以用来布置工作、传达指示、晓谕事项、发布规章、批转和转发文件、任免干部，等等。但通知的规格要低于命令、决议、决定、指示等文体。用它发布的规章，多是基层的，或是局部性的、非要害性的；用它布置工作、传达指示的时候，文种的级别和行文的郑重程度明显不如决定、指示。

2. 运用的广泛性

通知的发文机关，几乎不受级别的限制。大到国家级的党政机关，小到基层的企事业单位，都可以发布通知。

通知的受文对象也比较广泛，既可以发给下级，也可以发往不相隶属机关。

3. 一定的指导性

当通知被用来发布规章、布置工作、传达指示、转发文件时，体现出通知的指导功能，要求受文单位保质、保量完成通知所布置的任务。

4. 较强的时效性

通知事项一般要求都有比较明确的时间限制，受文机关要在规定的时间内立即办理、执行或周知，不得延误。

（三）通知的种类

1. 发布性通知

用于发布党政规章制度。

【例文】

中共中央办公厅　国务院办公厅
关于印发《党政机关办公用房管理办法》的通知

中办发〔2017〕70号

各省、自治区、直辖市党委和人民政府，中央和国家机关各部委，解放军各大单位、中央军委机关各部门，各人民团体：

《党政机关办公用房管理办法》已经中央领导同志同意，现印发给你们，请认真遵照执行。

中共中央办公厅
国务院办公厅
2017年12月5日

（资料来源：中央人民政府门户网站 www.gov.cn）

2. 批转性通知

用于上级机关批转下级机关的公文给所属人员，让他们周知或执行。

【例文】

关于批转广东省残疾人事业"××五"发展规划纲要的通知

各地级以上市人民政府，各县（市、区）人民政府，省政府各部门、各直属机构：

现将《广东省残疾人事业"××五"发展规划纲要》批转给你们，请认真贯彻执行。执行中遇到的问题，请径向省残联反映。

广东省人民政府
××××年××月××日

3. 转发性通知

用于转发上级机关和不相隶属机关的公文给有关人员，让他们周知或执行。

【例文】

广东省人民政府办公厅关于转发国务院办公厅
2019年政务公开工作要点的通知

粤府办〔2019〕9号

各地级以上市人民政府，省政府各部门、各直属机构：

经省人民政府同意，现将《国务院办公厅关于印发2019年政务公开工作要点的通知》（国办发〔2019〕14号，以下简称《要点》）转发给你们，并结合我省实际提出如下意见，请一并贯彻执行。

一、切实加强政策解读回应工作

认真落实《广东省政府系统政策解读工作细则（试行）》，将政策解读工作贯穿至策前预公开、策中深解读、策后跟踪评估等政策发布全链条，紧紧围绕我省2019年经济社会发展重点任务，全面、精准做好重要政策措施解读工作，打通政策落地"最后一公里"。各地要建立健全政策解读工作机制，充分发挥政府公报、政府网站等权威渠道和政务新媒体平台，开展形式多样的政策解读。要建立健全政务舆情收集、研判和回应机制，及时回应关切，解疑释惑，为政策实施营造良好的舆论环境。

二、深入推进决策和执行公开
……

三、深化重点领域信息公开
……

四、加强公开平台建设
……

五、完善公开制度规范
……

各部门要对照《2019年政务公开工作要点》，结合业务实际，主动认领任务，抓好贯彻落实工作。各地要抓紧按照国家和省的相关工作要求，研究制定实施意见或工作方案，积极主动、开拓创新，加快部署开展本地区政务公开工作，确保重点工作不漏项。各地、各部门贯彻落实要点的主要情况，要纳入政府信息公开工作年度报告，并向社会公开。省政府办公厅将加强监督考核，将落实情况作为重要内容纳入政务公开工作考评。

广东省人民政府办公厅
2019年5月22日

（资料来源：广东省人民政府门户网站 gd.gov.cn）

4. 指示性通知

用于上级机关指示下级机关如何开展工作。

【例文】

国务院办公厅关于为新冠肺炎疫情牺牲烈士和逝世同胞
举行全国性哀悼活动的通知

各省、自治区、直辖市人民政府，国务院各部委、各直属机构：

为表达全国各族人民对抗击新冠肺炎疫情斗争牺牲烈士和逝世同胞的深切哀悼，国务院决定，2020年4月4日举行全国性哀悼活动。在此期间，全国和驻外使领馆下半旗志哀，全国停止公共娱乐活动。4月4日10时起，全国人民默哀3分钟，汽车、火车、舰船鸣笛，防空警报鸣响。

请你们接到通知后，立即将有关要求落实到相关单位，按照《国旗法》规定当天应当升国旗的场所、机构和单位均应下半旗志哀。下半旗时，应当先将国旗升至杆顶，然后降至旗顶与杆顶之间的距离为旗杆全长的1/3处；降下时，应当先将国旗升至杆顶，然后再降下。

国务院办公厅
2020年4月3日

（资料来源：中央人民政府门户网站 www.gov.cn）

5. 任免性通知

用于任免和聘用干部。

【例文】

成都市人民政府关于×××任职的通知

成府人〔2020〕14号

各区（市）县政府，市政府各部门，有关单位：

市政府决定：×××任大熊猫国家公园成都管理分局专职副局长（试用期1年）。

特此通知。

成都市人民政府

2020年6月18日

（资料来源：成都市人民政府 chengdu.gov.cn）

6. 事务性通知

用于处理日常工作中带事务性的事情，常把有关信息或要求用通知的形式传达给有关机构或群众。

【例文】

国务院办公厅关于延长2020年春节假期的通知

国办发明电〔2020〕1号

各省、自治区、直辖市人民政府，国务院各部委、各直属机构：

经国务院批准，为加强新型冠状病毒感染的肺炎疫情防控工作，有效减少人员聚集，阻断疫情传播，更好保障人民群众的生命安全和身体健康，现将延长2020年春节假期的具体安排通知如下：

（一）延长2020年春节假期至2月2日（农历正月初九，星期日），2月3日（星期一）起正常上班。

（二）各地大专院校、中小学、幼儿园推迟开学，具体时间由教育部门另行通知。

（三）因疫情防控不能休假的职工，应根据《中华人民共和国劳动法》规定安排补休，未休假期的工资报酬应按照有关政策保障落实。

国务院办公厅

2020年1月26日

（资料来源：中央人民政府门户网站 www.gov.cn）

（四）通知的写作

1. 标题

（1）完全式标题

完全式标题由"发文机关＋主要事项＋通知"组成。如《国务院办公厅、中央军委办公厅关于加强对侵华日军遗弃化学武器调查和管理工作的通知》。

(2) 省略式标题

省略式标题由"主要事项+通知"组成。如《关于召开庆祝中国共产党成立×××周年暨"七一"表彰大会的通知》。

发布规章的通知,所发布的规章名称要在标题的主要内容部分出现,并使用书名号如《国务院关于印发〈国务院工作规则〉的通知》。

批转和转发文件的公文,所转发的文件内容要在标题中出现,但不一定使用书名号。如《国务院办公厅转发教育部等部门关于进一步加快高等学校后勤社会化改革意见的通知》。

2. 主送机关

主送机关就是受文单位,根据通知内容,可以是一个单位或者多个单位。普发性通知可以省去主送单位。

3. 正文

(1) 处理文件的通知

如发布、批转、转发的通知,正文一般包括两个部分:一是批语,二是发布、批转、转发的规章制度或文件的名称。

批语很简单,说明文件或规章制度的名称和相关要求即可。如"现将《关于……的规定》印发(批转/转发)给你们,请……"

(2) 指示性通知

要写清楚"办什么事""为什么要办这些事情""怎么办这些事",正文一般包括三部分:一是引言,说明缘由;二是通知的具体内容,重要内容在前,次要内容在后,分条列项陈述;三是结尾,多提出贯彻执行的要求,如"请遵照执行""请认真贯彻执行"等。

(3) 任免通知

一般写出任免的依据之后,写上任免人员的姓名和职位。

(4) 事务性通知

这种通知的行文目的是要让受文对象了解相关事项,把事情说清楚即可。

(5) 会议通知

会议通知是常见的事务性通知。正文一般包括会议名称、召开会议的原因和目的、会议时间与地点、与会人员、会议议题或会议议程或会议日程安排、与会者参会所需准备的材料、联系人和联系方式等。

4. 落款

在通知的结尾处,分两行署发文单位名称和发文时间。

四、写作训练

1. 指出下文中存在的主要问题

会 议 通 知

参考答案

公司定于5月12日召开财务工作会议,现就有关事项通知如下:

一、会议地点

公司会议室。

二、会议时间

2021 年 5 月 12 日

三、会议内容

贯彻落实总公司财务会议部署，回顾总结我公司财务工作情况，分析存在的问题，明确下阶段工作任务及思路。

2021 年 5 月 1 日

××公司

2. 拟一份通知

今年是你公司成立 50 周年华诞，公司计划开展系列庆祝活动。请你草拟一份举行公司成立 50 周年庆祝活动的通知。

单元二　纪要

学习目标

1. 了解纪要的类型；
2. 掌握纪要的写作方法。

预期成果

能根据工作需要，拟写出内容准确、格式规范、措辞得体的纪要。

一、模拟任务

本公司某总经理要求在 3 月 5 日召开总经理办公会议。会议将听取办公室关于参与 2021 年国际酒类博览会相关事宜，会议将审议《公司投资项目管控模式及机构调整方案》《公司多元化企业管理体制改革实施方案》。如果你是此次会议的记录人，请形成相关会议纪要。

二、例文鉴赏

【例文】

某公司会议纪要

会议时间：2021 年 3 月 5 日 9:00
会议地点：办公楼 209 会议室
主持人：×××
参会人员：×××、×××、×××、×××
会议记录：×××

3 月 5 日上午，公司某总经理在公司 209 会议室召开总经理办公会议。会议听取了办公室关于参与 2021 年国际酒类博览会相关事宜，会议审议了《公司投资项目管控模式及机构调整方案》《公司多元化企业管理体制改革实施方案》。现将会议议定事项纪要如下：
一、关于参与 2021 年国际酒类博览会相关事宜
2月20日，酒类博览会执委会来函，拟定于……
二、审议通过《公司投资项目管控模式及机构调整方案》
有关生产厂异地技改工作要全面实施……
三、审议通过《公司多元化企业管理体制改革实施方案》
会议明确……

发：×××
送：×××

××有限责任公司
××××年××月××日印发

三、必备知识

（一）纪要的使用范围

纪要适用于记载会议主要情况和议定事项。

（二）纪要的特点

1. 纪实性

会议纪要是根据会议的核心内容、议定事项、决议结果等整理而成的公文，它是对会议基本情况的纪实。记录者不能改动会议议定的事项，不能随意改动会议上达成的共识和形成的决定，不能对会议内容进行评论。会议纪要必须真实、准确地体现会议情况和会议精神。

2. 概括性

会议纪要是围绕会议主旨及主要成果，依据会议材料、与会人员的发言以及会议简报等整理、提炼和概况而成的，而不是将所有内容逐一记录。

3. 指导性

会议纪要除具有凭证作用、资料作用之外，多数会议纪要还具有指导工作的作用。它要传达会议情况、会议精神，要求与会单位和相关部门以此为依据展开工作，落实会议的议定事项。

（三）纪要的种类

1. 常务会纪要

常务会纪要是由政府主要领导主持召开，集体议事决策重要事项、重要文件、重要决定所形成的会议纪要。

【例文】

市政府第 90 次常务会议纪要

常务会议纪要〔2020〕8 号

2020 年 3 月 2 日上午，×××市长主持召开市政府第 90 次常务会议，审议《××市促进企业利用资本市场实现高质量发展的实施意见》《科创板上市后备企业培育计划》《××市进一步促进恢复生猪生产保障市场供应的政策举措》《××市党政领导干部食品安全工作责任清单》《关于深化改革加强食品安全工作的实施方案》，听取 2020 年××市区域性重大基础设施建设统筹专项资金安排情况、2019 年××市市长质量奖评审情况、地区生产总值统一核算改革工作的汇报。

会议议定以下意见：

一、审议《××市促进企业利用资本市场实现高质量发展的实施意见》和《科创板上市后备企业培育计划》

（1）原则同意《××市促进企业利用资本市场实现高质量发展的实施意见》和《科创板上市后备企业培育计划》。由市金融监管局根据本次会议讨论意见修改完善后按程序印发实施。

（2）充分用好资本市场，为企业发展注入金融"活水"，是推动创新和实体经济发展的有效举措。各地各相关部门和单位要……（略）

（3）防控金融风险是打好防范化解重大风险攻坚战的重要方面，各地各相关部门要……（略）

二、审议《××市进一步促进恢复生猪生产保障市场供应的政策举措》

（1）原则同意《××市进一步促进恢复生猪生产保障市场供应的政策举措》。由市农业农村局根据本次会议讨论意见作进一步修改完善后按程序印发实施。

（2）党中央、国务院高度重视恢复生猪生产工作，习近平总书记多次就这项工作作出重要指示批示，强调要……（略）

（3）各地要严格对照本地生猪出栏量考核指标，重点……（略）

三、听取 2020 年××市区域性重大基础设施建设统筹专项资金安排情况的汇报

（1）原则同意市财政局关于 2020 年××市区域性重大基础设施建设统筹专项资金安排情况的汇报。

（2）设立区域性统筹专项资金，对于保障全市性重大基础设施建设，具有十分重要的意义……（略）

（3）市财政局要严格按照方案组织实施好资金拨付，进一步……（略）

四、审议《××市党政领导干部食品安全工作责任清单》和《关于深化改革加强食品安全工作的实施方案》

（1）原则同意《××市党政领导干部食品安全工作责任清单》和《关于深化改革加强食品安全工作的实施方案》。由市市场监管局根据本次会议讨论意见作进一步修改完善后提请市委常委会审议。

（2）民以食为天，食以安为先。食品安全关系千家万户，关系安全稳定大局。各地各部门要……（略）

（3）新冠肺炎疫情防控期间，食品安全监管面临新的挑战……（略）
五、听取2019年××市市长质量奖评审情况的汇报
（1）原则同意2019年度××市市长质量奖拟获奖企业名单……（略）
（2）质量是立业之本、转型之要……（略）
（3）各地各相关部门要不断完善评价体系，鼓励、引导……（略）
六、听取地区生产总值统一核算改革工作的汇报
（1）会议听取了市统计局关于地区生产总值统一核算改革工作的汇报……（略）
（2）实施地区生产总值统一核算改革是全面深化改革的重要内容……（略）
（3）各地各部门要严格遵守《统计法》相关规定……（略）

出席：××、××、××
列席：××、××、××
记录：××

××市人民政府办公室整理
2020年3月9日

（资料来源：××市人民政府网）

2. 办公会纪要
办公会纪要是对本单位或本部门的工作进行研究、讨论，作出决定所形成的会议纪要。
【例文】

2020年第九次局长办公会会议纪要

2020年11月27日下午，局长××在局一楼会议室主持召开2020年第九次局长办公会议。会议研究了以下事项：

一、传达学习会议精神

会议传达贯彻了11月24日全市服务业发展暨文化和旅游发展大会、11月20日第五届中国康养产业发展论坛宣传策划组专题会暨新闻发布工作会、11月27日全省近期安全生产工作视频调度会精神。

……

二、审议《关于××市城市管理新闻宣传片制作及经费预算的方案》

会议议定，原则同意该《方案》，由办公室按会议意见修改完善新闻宣传片文稿；办公室牵头，局纪检、计财、党办配合，采取比选的方式，按价廉质优的原则，确定新闻宣传片制作方，宣传片制作经费控制在7万元以内。

三、审议《关于××公园索道安全隐患治理相关事宜的请示》

会议议定，该《请示》中反映的××公园索道驱动轮安全隐患属索道主要部件发生问题，由市园林绿化服务中心会商公园索道代建方市国投公司出具索道驱动轮质保协议，若索道驱动轮在质保期内，由代建方会商原安装公司负责维修，若超过质保期，由市园林服务中心与安装公司商定合理维修价格进行维修。维修费用由市财政局在索道经营非税收入成本中解决。

四、审议《××东区××酒店关于设置户外广告的申请》

会议议定，该《申请》符合《××市城区户外广告专项规划》中"第23条屋顶广告"的设置要求，原则同意设置。

五、审议《××市希悦酒店管理有限公司关于设置户外广告的申请》
……

六、审议《××市学府酒店责任有限公司关于设置门口指示牌的申请》
……

七、听取 2020 年××市花园单位、家庭、小区、农家乐等评选结果的汇报
……

八、研究解除执法体制改革下沉协管人员劳动关系事宜
……

3. 例会纪要

例会纪要是依据约定的惯例每隔一定期限举行一次的会议，在会议上对工作进行研究、讨论，作出决定或指示所形成的文书。

【例文】

××公司例会会议纪要

时间：××××年××月××日

地点：××会议室

主持人：××

记录人：××

参会：××、××、××

会议内容和决议事项：

一、××厂长对各部门现阶段工作作总结

1. 卫生秩序科

进一步加强厂区治安管理……

2. 职工食堂

认真核算成本，加强伙食管理……

3. 机电科

机工和电工必须进行分组……

4. 设备科

注重技术型人才的发现和培养……

5. 安监科

提前规范设备进厂时库房验收……

二、决议事项

×××、×××：负责设备、管道等安装……

×××：负责检查、督促工队安全……

×××：完成操作规范的制定……

三、×××厂长安排事项

1. 为了杜绝违章操作，减少事故损失，各部门必须……

2. 新员工进厂前必须接受安全培训……

4. 工作会议纪要

工作会议纪要是对机关、单位工作中的问题进行解决，或总结过去工作、部署今后任务所形成的会议纪要。

【例文】

×××市餐厨垃圾和污泥处置项目建设协调会会议纪要

为落实市政府副市长×××在4月20日市餐厨垃圾和污泥处置项目建设工作会上的会议精神，加快推进我市餐厨垃圾和污泥处置项目建设，确保项目在6月底完工，4月21日上午，市城管执法局局长×××、副局长×××在局一楼会议室主持召开了××市餐厨垃圾和污泥处置项目建设协调会，市住房城乡建设局、市生态环境局、××综合行政执法局、××工业园区、××发展中恒能环境科技公司、×××恒能环境技术公司及有关专家参加了会议。会议对项目用电及污水排放问题进行了研究，现将会议纪要如下：

（一）××供电公司要加快实施，确保在4月23日解决项目临时用电。项目单位要提前准备，尽早对接正式用电审批事宜。

（二）×××恒能环境技术公司作为园区企业，××工业园区要主动做好服务，加强与企业沟通联系，多为企业想办法，及时协调解决在项目推进过程中的问题；餐厨垃圾和污泥处置项目污水进入××园区污水厂，并确保达标排放，如在运行过程中产生成本增加等情况，双方协商解决。

（三）××市餐厨垃圾和污泥处置项目建设为我市重点工作，时间紧任务重，市生态环境局要积极与项目单位沟通，加快环评批复手续办理，确保不影响6月底完工目标。

参会：（略）

5. 座谈会纪要

座谈会纪要是根据会议宗旨、议程、文件、记录，用精练、准确、鲜明的语言，把座谈会的主要内容加以概括的文书。

【例文】

社区建设工作座谈会纪要

5月7日下午，区社区建设领导小组召开工作座谈会。区社区建设领导小组相关负责人召集乌衣镇、龙蟠街道办事处主要领导、民政助理员以及所辖社区第一书记、主任参加座谈。区委常委、副区长×××出席会议并作重要讲话。区民政局局长×××主持座谈会。

会议围绕五大提纲展开座谈。第一，社区建设的目的；第二，社区建设应达到的具体目标；第三，我区社区建设取得了哪些成绩，有哪些值得肯定的做法；第四，我区社区建设与××区相比，与省里兄弟市区比还有那些不足；第五，我区社区建设应如何继续推进，目前应着重解决哪些问题。由于会前下发提纲，准备充分，参与人员发言踊跃，讨论热烈。大家对社区建设的目标明确，认为我区的社区建设虽然起步迟，但起点高、发展快、成效非常明显，这与区委区政府的高度重视、果断决策是分不开的。但与先进的兄弟市区相比仍有差距，主要表现在整体发展不平衡，有的社区用房仍未落实；社区服务功能相对滞后，行政化管理多于服务；社区运转机制不够规范，社区的宣传教育开展不够；社区的社会组织、社工队伍、志愿者服务力量薄弱等。对于如何推进我区的社区建设，大家献言献策，围绕加强社区队伍建设、强化网格化管理、打造社区特色服务、吸引社会力量投入社区建设、共建和谐社区诸多方面，提出了很好的意见和建议。××街道办事处近年来狠抓社区建设，出实招、有实效，社区建设水平不断提高，今年根据上级社区标准化建设要求，早谋划、早行动、适时制定规划，把××社区打造成精品社区，将××和××社区创建为两个示范社区，其余6个社区要达到标准社区。××社区也制定了创建规划。

××区社区建设领导小组认为，社区建设工作要妥善处理好四个关系，即近期发展和长远规划关系、社区管理与服务的关系、硬件建设和软件建设的关系、居委会自治和政府职能延伸的关系。要明确充分发挥社区党组织在社区建设和服务群众中的领导核心作用。社区建设的主体是镇办，突出居委会自治管理；要理顺和巩固一委、一居、一办、两站的工作平台，充分发挥各自的功能作用，网络化管理定岗定责及工作流程要全面落实到位；要积极发展和培育社区的社团组织和社工队伍，长期开展志愿者登记和为民服务活动，大幅度提高居民对社区活动服务的参与率和对社区工作的满意度。各社区要根据实际，努力创造条件，打造自己一居一点的特色。

×××副区长强调，我区在扎实推进社区队伍建设和机制建设，完善社区服务功能，促进社区和谐发展等方面做了大量工作，取得了一定的成绩，同时也存在着很多制约社区整体发展的因素。社区建设存在的问题归结起来主要是建设、管理、服务、经费的问题，我们要从社区治理问题、社区服务功能问题、社区设施建设问题、社区管理问题和社区保障机制问题五个方面继续深入探讨和研究，因社区而宜，从实际出发，创新社区管理新路径。当前制定一个规划，到××××年分别达到标准社区、示范社区和精品社区的分类，并为之奋斗；二要围绕上述规划目标，在社区要做好哪些工作；三要围绕上述五个方面的问题探讨出好路子，出台好政策，加以引导，确保社区建设取得新进展、新突破。

（四）纪要的写作

1. 标题

标题通常由"会议名称＋会议纪要"组成，如《社区建设工作座谈会纪要》。

2. 正文

（1）前言

前言简述会议的名称、时间、地点、出席人员、主持人、会期、形式等情况，说明主要议题。

（2）主体

主体是会议纪要的核心内容，主要反映会议的基本情况和会议结果。写作时应紧紧围绕会议的中心议题，传达好会议的基本精神。会议内容或议定事项可以分条列项写出；会议内容或议定事项也可以综合概况，按性质分为若干部分，然后依据一定的逻辑顺序排列写出。

（3）结尾

结尾是会议纪要的结束语。一般写对与会者的希望和要求，或者是对收文单位的希望和要求。有些会议纪要没有结尾部分。

3. 落款

落款包括署名和时间两项内容。署名只用于办公会议纪要，署上召开会议的领导机关全称，下面写上成文的时间（年、月、日），加盖公章；一般会议纪要不署名，只写成文时间，加盖公章。

四、写作训练

1. 指出下文中存在的主要问题

参考答案

××公司××座谈会纪要

现将××座谈会会议纪要如下：

（一）××总经理传达了集团公司总的战略精神，强调本次座谈会的目的是通过会议加强沟通、配合，改进工作作风，统一认识，明确方向，增强信心，拓展思路，提升管理水平，在竞争中保持企业生命力。

（二）××副经理强调各部门负责人要有大局意识、前瞻意识、团队意识和学习意识。充分发挥部门成员的工作积极性和团队力量。部门与部门之间要有配合意识，敢于面对不足、互相学习，多沟通，多提建设性意见，抢时间夯实管理基础，使企业不丧失竞争力。

（三）××副经理汇报近期各部门干部学习情况，并将后期学习安排进行部署。

×××公司
××××年××月××日

2. 简答

结合所学，简述会议记录与会议纪要的区别有哪些？

单元三 通报

1. 了解通报的类型；
2. 掌握通报的写作方法。

能根据工作需要，拟写出内容准确、格式规范、措辞得体的通报。

一、模拟任务

这一年，公司涌现出了一批先进集体和先进个人，他们团结进取、创先争优、奋力拼搏，推动公司建设取得明显成效，为表扬先进，激励创新，现需对 5 个先进集体和 60 名先进个人予以通报表扬。如果你是负责的工作人员，请按要求写一份通报。

二、例文鉴赏

【例文】

菏泽市人民政府关于表扬 2020 年度全市重点水利工程建设先进集体和先进个人的通报

菏政字〔2021〕2 号

各县区人民政府，市开发区、高新区管委会，市政府各部门、各直属机构，市属各企业，各大中专院校：

2020 年，在市委、市政府的坚强领导下，全市水务系统深入学习贯彻习近平新时代中国特色社会主义思想，科学组织、团结进取、创先争优、奋力拼搏，推动全市重点水利工程建设取得明显成效，涌现出了一批先进集体和先进个人。为表扬先进，激励创新，现对在全市重点水利工程建设中作出突出贡献的 5 个先进集体和 60 名先进个人予以通报表扬。

希望受到表扬的先进集体和先进个人珍惜荣誉、戒骄戒躁，再接再厉、再创佳绩。各级各部门要以受到表扬的先进集体和先进个人为榜样，不忘初心、牢记使命，勇于担当、积极作为，锤炼作风、砥砺前行，为全市水务工作跨越发展作出积极贡献。

附件：
1. 洙赵新河上游段和东鱼河治理河道疏挖工程先进集体
2. 全市重点水利工程建设先进个人名单

菏泽市人民政府
2021 年 1 月 14 日

（资料来源：菏泽市人民政府 heze.gov.cn）

三、必备知识

（一）通报的适用范围

通报适用于表彰先进、批评错误、传达重要精神和告知重要情况。通报属于下行文。

（二）通报的特点

1. 告知性

通报通常是将真实的先进典型、错误典型、重要精神或者情况告知有关单位或者群众，应用面广，数量大，具有告知性。其中，情况通报具有沟通和知照双重作用。

2. 教育性

通报不仅是将情况广而告之，还具有教育意义。通报对先进的表彰和对错误的批评，目的在于树立学习榜样或者提供反面材料以资借鉴，使读者能够总结经验，或吸取教训，思想上得到教益。传达重要精神或情况的通报，具有加强上下级之间或部门之间的相互交流、信息共享、相互促进的作用。

3. 时效性

通报的主要事实需表述清楚，涉及特定的时间和时效。对先进的表彰和对错误的批评都要及时发布和推广，才能更好发挥其作用；具有指导性意见的情况通报，需要及时告知，才能起到更好的指导作用。

（三）通报的种类

1. 表彰性通报

表彰性通报即对典型人物或单位或事件进行表彰和表扬的通报。

【例文】

广东省人民政府关于表扬中华人民共和国第一届职业技能大赛我省获奖选手和为办赛参赛工作作出突出贡献的单位及个人的通报

粤府函〔2021〕11号

各地级以上市人民政府、省政府各部门、各直属机构：

  2020年12月10日至13日，中华人民共和国第一届职业技能大赛（以下称第一届全国技能大赛）在广东广州成功举办，这是新中国成立以来举办的规格最高、项目最多、规模最大、水平最高的综合性国家职业技能赛事。党中央、国务院对此高度重视，习近平总书记专门发来贺信，李克强总理作出批示，胡春华副总理出席大赛开幕式。本届大赛上，广东代表团派出97名选手参加全部86个项目的比赛，共获得32金、13银、11铜和27个优胜奖，金牌数占全国的37%，金牌数、奖牌数和团体总分均名列全国第一，充分展现了我省技能人才的高超技能和积极向上、斗志昂扬的精神风貌，充分展示了我省从制造大省向制造强省迈进的基础和实力，充分体现了我省高技能人才队伍建设和技工教育、职业教育高质量发展的水平。同时，我省不负重托，圆满完成第一届全国技能大赛组织承办工作，赛事组织安全顺畅，服务保障周到细致，实现了办赛、参赛双丰收。

  为大力弘扬劳模精神、劳动精神、工匠精神，营造"劳动光荣、知识崇高、人才宝贵、创造伟大"的社会风尚，现对我省第一届全国技能大赛获奖选手及为办赛参赛工作作出突出贡献的单位和个人给予通报表扬和奖励，具体如下：

  （一）对电子技术等32个项目金牌获得者刘泽龙等36名个人给予通报表扬，各奖励人民币25万元，并给予晋升高级技师职业资格或职业技能等级。对上述32个项目技术指导专家组各奖励人民币25万元。

  （二）对网络安全等13个项目银牌获得者洪家聪等15名个人给予通报表扬，各奖励人民币15万元，并给予晋升技师职业资格或职业技能等级。对上述13个项目技术指导专家组各奖励人民币15万元。

  （三）对信息网络布线等11个项目铜牌获得者王儒咏等11名个人给予通报表扬，奖励人民币5万元，并给予晋升技师职业资格或职业技能等级。对上述11个项目技术指导专家组各奖励人民币5万元。

  （四）对装配钳工等27个项目优胜奖获得者翟勇波等32名个人给予通报表扬，各奖励人民币1万元，并给予晋升技师职业资格或职业技能等级。对上述27个项目技术指导专家组各奖励人民币1万元。

  （五）对在办赛、参赛工作中作出突出贡献的雷治亮等82名教练、王蓝彬等81名技术指导专家、陈璜等190名办赛工作人员给予通报表扬。

  （六）对在办赛工作中作出突出贡献的广东省职业技能服务指导中心等26个技术支持及实施保障单位，广州市人民政府等14个办赛单位和相关部门给予通报表扬。

  各地、各部门要以习近平新时代中国特色社会主义思想为指导，全面贯彻落实党的十九大和十九届二中、三中、四中、五中全会精神，深入贯彻落实习近平总书记贺信精神和李克强总理批示精神，以受表扬的集体和个人为榜样，大力营造劳动光荣的社会风尚和精益求精的敬业风气，掀起学技能、练本领、创一流的热潮，进一步提升职业技能培训规模和水平，加快知识型、技能型、创新型劳动者队伍建设，为广东在全面建设社会主义现代化国家新征程中走在全国前列、创造新的辉煌提供强有力的技能人才支撑。

附件：受表扬集体和个人名单

广东省人民政府
2021 年 1 月 17 日

（资料来源：广东省人民政府门户网站 gd.gov.cn）

2. 批评性通报

批评性通报即对典型人物或单位的事故和错误进行批评和处理的通报。

【例文】

××局关于××中学足球队违纪行为的通报

各区××局，局属各学校，××中学、××附属中学：

经核实，在××××年××月××—××日举办的××××年××市高中冠军杯足球赛中，××中学参赛队员（×号）参赛队员学籍不属于××区内任何一所中学，违反××××年××市高中冠军杯足球赛《竞赛规程》第×条运动员资格之规定。经组委会研究，现根据《竞赛规程》第××条规定，作出如下处罚：

（一）取消××中学本届冠军杯赛所有比赛成绩和奖项。

（二）对××中学予以通报批评，取消××学校××××年度高中冠军杯比赛参赛资格。

（三）对××中学主教练××予以停赛一年（××××年××月××日至××××年××月××日期间，禁止参加××市教育局举办的所有足球比赛）。

维护公平竞赛，充分发挥和全面实现足球的教育功能与社会价值是××市校园足球的宗旨及理念。学校弄虚作假的行为，严重违背公平竞赛原则，破坏赛事秩序，××市教育局必定严惩各类违规违纪行为，各区教育局和各参赛球队要引以为戒，共同维护比赛秩序和良好的校园足球发展环境。

××市高中冠军杯足球赛比赛组委会（代章）
××××年××月××日

3. 情况通报

情况通报即上级向有关单位和群众传达重要指示或情况，并阐明上级态度、看法和意见的通报。

【例文】

泰安市法律援助案件质量评查情况通报

各县（市、区）司法局、市直各律师事务所：

为进一步加强全市法律援助案件质量管理，提高我市法律援助案件质量，切实维护困难群众的合法权益，12 月 8 日，市法律援助中心联合市律师协会法律援助与公益委员会开展了法律援助案件质量评审活动，现将案件评查结果通报如下：

本次评查活动，评审团由法律援助案卷质量同行评估专家库抽选的律师、律师协会法律援助公益委员会部分律师、县市区法律援助中心主任及业务骨干组成，对市直律师事务所及县市区抽取的共计 160 本法律援助卷宗进行案卷质量评查。评查采取律师、县市区交叉阅卷、全面检查的方式，严格对照标准，逐项评查，量化评分，张××主任、唐××主任作为案卷评查总监察，对部分高分、低分案卷进行了复核，最终评选出得分 95 分以上的 37 本优秀卷宗，并对六个县市区的案卷得分进行汇总排名，前三名为肥城市、岱岳区、宁阳县。

通过此次案卷质量评查活动可以看出，大部分案卷都能按照《山东省法律援助案件质量监督管理办法》《山东省法律援助业务档案管理办法》的要求，认真完成法律援助案件的归档工作，法律援助案件总体质量较好，卷宗材料齐全，能完整地体现出援助案件办理程序。但仍存在一些细节问题，如个别卷宗法律文书不够完善，庭审笔录、代理词等过于简单，有的县市区报送的卷宗没有按照规定结案时间范围报送，个别县市区法律援助卷宗装订极不规范等。

今后，希望各单位进一步增强为困难群众提供优质法律服务的意识，提升法律援助工作的规范化水平，提高法律援助案件的办案质量，为受援人提供更加优质高效的法律援助服务。

附：2020 年度法律援助优秀卷宗名单

泰安市司法局
2020 年 12 月 16 日

（资料来源： 山东省人民政府 shandong.gov.cn）

（四）通报的写作

1. 标题

标题大致分四种：一是由"发文机关+事由+通报"组成，如《广东省人民政府关于颁发广东省第八届哲学社会科学优秀成果奖的通报》；二是由"事由+通报"组成，如《关于下架侵害用户权益 APP 的通报》；三是由"发文机关+通报"组成，如《卫健委通报》；四是只由文种"通报"作标题。

2. 主送机关

主送机关就是受文单位，根据通报内容，可以是一个单位或者多个单位。如各区××局，局属各学校、××实验中学、××附属中学。普发性通报可以不写主送单位。

3. 正文

通报种类不同，正文写法各不相同。

（1）表彰性通报

① 叙述表扬事迹，包括时间、地点、人物、事件经过和结果；

② 对要表扬的事迹进行分析，阐述先进事迹中包含的经验、意义和值得学习与发扬的精神；

③ 提出表彰决定；

④ 提出希望和学习号召。

（2）批评性通报

① 叙述要批评的事迹，包括时间、地点、人物、事件经过和结果；

② 对要批评的事迹进行分析，分析事故或错误事实发生的原因，错误的性质、根源、危害、责任和应该吸取的教训等；

③ 提出处分决定；

④ 提出针对性的防范措施、规定或希望及要求。

（3）情况通报

情况通报有两种写法：一种是只客观陈述事实；另一种是在陈述的基础上，对有关情况进行分析，并提出指导性意见。

4. 落款

在正文右下方分两行署发文单位名称和发文时间。单位名称上加盖印章。

四、写作训练

1. 指出下文中存在的主要问题

关于表彰×××等同志的通报

参考答案

近两年，我公司的××事业正蓬勃发展，一批老工程师为此付出了辛勤的劳动，作出了突出的贡献。为表彰他们的成就，树立榜样，××省人民政府决定，授予×××同志"××奖"，××等同志"××奖"。

××××年××月××日
××公司

2. 写一份通报

为你们学校在抗疫战斗中有突出贡献的×××、×××写一份表彰通报。

单元四　报告

学习目标

1. 了解报告的类型；
2. 掌握报告的写作方法。

预期成果

能根据工作需要，拟写出内容准确、格式规范、措辞得体的报告。

一、模拟任务

××单位今年的党建工作开展得扎实有成效。按照惯例，要向上级作年度党建工作的汇报，请代××单位拟写该报告。

二、例文鉴赏

【例文】

关于党建工作情况的报告

省委组织部：

　　今年以来，在省直工委和局党组的正确领导下，我们坚持以学习宣传贯彻党的十九大精神为主线，围绕××中心工作，认真坚持学习习近平总书记系列重要讲话精神，深入贯彻全面从严治党的新部署、新要求，扎实开展推进"两学一做"常态化制度化和加强"四个意识"专题教育，大力推进深化机关作风整顿和营商环境集中整治活动，不断加强党的思想政治建设、组织建设、作风建设和制度建设，机关党建工作水平取得了稳步提升。

一、年度党建工作开展情况

（略）

（一）以制度建设为重点，夯实党建工作责任（略）

（二）以理论武装为载体，强化党性锤炼（略）
（三）以组织建设为抓手，增强凝聚力和战斗力（略）
（四）以作风建设为抓手，提升××管理工作水平（略）
（五）以强化主体责任为牵引，推进全面从严治党向纵深发展（略）
……
二、存在的问题和不足（略）
三、下一步打算（略）

中共××局委员会
××××年××月××日

三、必备知识

（一）报告的使用范围

报告适用于向上级机关汇报工作、反映情况，答复上级机关的询问。

（二）报告的特点

1. 内容的汇报性

报告是下级机关向上级汇报工作、反映情况、答复问题的重要途径，是下情上达的主要工具，报告的目的是让上级掌握基本情况并及时对自己的工作进行指导。

2. 语言的陈述性

报告大多采用叙述、说明的表达方式，即以陈述事实为主，将本单位遵照上级的指示，做了什么工作、怎样做的这些工作、取得了哪些成绩、存在什么问题、今后有什么打算，一一向上级陈述。

（三）报告的种类

1. 工作报告

工作报告即向上级机关汇报工作的报告。

【例文】

关于淮河流域水污染防治工作情况的报告

国务院：

　　按照环保总局、国家计委[①]、水利部联合制定的《淮河流域水污染防治××××年规划目标完成情况核查办法》（环发〔××××〕205号），环保总局会同国家计委、财政部、水利部、监察部、建设部[②]、农业部[③]、法制办8个部委组成核查组，于××××年2月25日至3月5日对淮河流域水污染防治工作进行了全面核查。现将有关情况报告如下：

[①] 现国家发展和改革委员会。
[②] 现国家住房和城乡建设部。
[③] 现农业农村部。

一、淮河流域水污染防治工作的完成情况

核查组先后赴河南、安徽、江苏、山东四省（以下简称四省）17 地（市），实地抽查了淮河干流及主要支流水质、城市排污口、城市污水处理设施、工业企业污染治理设施、饮用水保证工程、河道清淤及生态保护等情况，并就淮河流域水污染防治工作进展、存在问题和下一阶段拟采取的措施进行了研究。

（一）总体评价

"××"期间，沿淮四省和国务院有关部门高度重视淮河流域水污染防治工作，认真组织实施《淮河流域水污染防治规划及"××"计划》（以下简称《规划和计划》），关停了近 5 000 家污染严重的小企业，工业废水排放达标率从 1994 年的 30%提高到目前的 90%，入河主要污染物排放总量大幅度削减，淮河干流和主要一级支流水质基本达到《规划和计划》确定的××××年水质目标，未达到水质目标的断面水质也有明显改善，形成化学需氧量（COD）削减能力约 100 万吨/年，淮河水质恶化的趋势得到初步遏制，水污染严重地区的 800 多万群众吃水困难基本得到解决，淮河水污染防治工作取得阶段性成果。

（二）目标完成情况

《规划和计划》要求，到××××年年底淮河水体变清，具体指标有 1 项水质指标、1 项总量控制指标、67 座城市污水处理工程和 380 个治理建设项目。

1. 水质指标

水质指标是有机污染指标（以 COD 计），《规划和计划》要求，到××××年年底淮河干流断面水质达到Ⅲ类水质标准，主要支流达到Ⅳ类水质标准。目前，淮河干流有机污染指标基本达到Ⅲ类水质标准。主要支流断面有机污染有所减轻，部分支流断面水质明显好转，达到Ⅳ类水质标准的断面从治理前的 1994 年的 10%上升到目前的 72%。其中：河南省 19 个断面达标率为 84%；安徽省淮河干流水质达到Ⅲ类水质标准要求，支流 21 个断面水质达标率为 71%；山东省 18 个断面水质达标率为 78%；江苏省 15 个断面水质达标率为 87%。

2. 总量控制指标

《规划和计划》要求，到××××年年底全流域 COD 入河总量为 36.8 万吨。目前，河南、山东及江苏省完成了削减任务，安徽省尚有 4.72 万吨的削减任务没有完成。

3. 污水处理建设工程

《规划和计划》要求，到××××年年底全流域应建设 67 座城市污水处理工程，后调整为 52 座。目前已投入运行 11 座，在建 28 座，未开工 13 座。其中河南省应建 9 座，已建成 6 座，在建 3 座；安徽省应建 18 座，在建 10 座，处在前期准备阶段 4 座，尚未启动 4 座；山东省应建 11 座，已建成 3 座，在建 8 座；江苏省应建 14 座，已建成 2 座，在建 7 座，尚未启动 5 座。四省总计已建、在建日污水处理规模为 312.5 万吨，占规划总规模的 86%。

4. 治理项目

《规划和计划》共确定 380 项治污工程，主要是饮用水保证工程、产业结构调整、清洁生产、污水集中处理工程等。目前已完成 311 项，占项目总数的 82%，其中：河南省完成 83%，安徽省完成 73%，山东省完成 87%，江苏省完成 79%。还有 37 个项目正在施工，32 个项目尚未动工。

为解决污染严重地区群众的吃水困难，沿淮四省打井近 3 000 眼，解决了近 600 万人的吃水问题；投资 2 亿多元，建成了江苏盱眙、连云港蔷薇河，安徽蚌埠、淮南等污染严重地

区的引水和导污工程,解决了 200 多万人饮水困难。

二、存在的主要问题

从沿淮四省的自查报告和这次淮河核查的情况看,目前淮河流域仍有一些二、三级支流水质为劣V类水体,河流水色较深,28%的断面水质不能达到目标要求,水体中氨氮浓度很高,离群众对治污工作成果的期望还有差距。目前存在的主要问题有以下几个:

一是工业企业按达标排放尚不稳定。

少数地区地方保护主义依然严重,执法不严,企业有偷排废水情况。由于市场原因停产的企业,如继续开工生产将会加重水体污染。此外,工业结构型污染尚未从根本上得到解决,特别是制浆造纸企业数量多,规模小,是淮河水质不稳定的最大隐患。据统计,目前淮河流域仍有造纸企业 418 家,年排放废水近 5 亿吨,COD 年入河量近 10 万吨,约占全流域 COD 入河量的 25%。因此,淮河流域工业企业达标巩固的任务仍然非常艰巨。

二是城市生活污水处理工程建设慢,处理率低。

……

三是面源污染防治工作尚未全面开展。

……

四是淮河流域自净能力差。

……

三、下一步工作安排

从前一段工作进展情况来看,淮河水污染防治工作仍然十分繁重,需要继续采取综合有效措施,加大整治力度。"××"期间,淮河流域水污染防治工作将从以点源工业污染控制为主向点源工业污染、生活污染、面源污染相结合控制转变;从以行政手段为主向法律、行政、科技、经济手段相结合转变;从以治标为主向标本兼治、综合治理相结合转变;从以水污染治理为主向治污工作与生态环境建设相结合转变。为适应上述转变,下一步淮河治污重点要抓好以下六项工作:

(一)尽快制定《淮河流域水污染防治"××"计划》

结合"××"规划各项工作的实际完成情况和南水北调东线工程需要,明确淮河"××"治理目标和治理措施。

(二)进一步落实沿淮四省各级政府环境保护目标责任制

……

(三)继续加大产业结构调整力度,巩固和提高工业企业污染防治水平

……

(四)抓紧污水处理工程的建设

……

(五)把农业面源污染防治摆上日程

……

(六)加强水资源的合理开发利用和节约

……

环保总局
××××年××月××日

(资料来源:中央人民政府门户网站 www.gov.cn)

2. 情况报告

情况报告即向上级机关汇报出现的新情况、新问题，特别是突发事件、特殊情况、意外事故及处理情况的报告。

【例文】

铁道部①关于193次旅客快车发生重大颠覆事故的报告

国务院：

××××年5月28日16时05分，由济南开往佳木斯的193次旅客快车，行驶至沈山线锦州铁路局管内的兴隆店车站（距沈阳43公里）时，发生颠覆重大事故，造成3名旅客死亡，143名旅客和4名列车乘务人员受伤，报废机车1台、客车4辆、守车1辆，损坏机车1台、客车5辆、货车一辆和部分线路、道岔等设备，沈山下行正线中断运输近20小时，直接经济损失达170余万元。

事故发生后，东北铁路办事处和锦州、沈阳铁路局负责同志立即随救援车或救护车赶赴事故现场，组织抢救、抢修工作。当地驻军、地方党政领导同志和部分社员、学生也投入抢救工作。辽宁省、沈阳市的领导同志及沈阳军区、辽宁省军区有关负责同志先后赶到现场，组织抢救伤员、疏运旅客。我部×××副部长率安监室和运输、机务、车辆、工务、电务、公安各局负责同志也于当日连夜赶赴现场，指挥抢修工作，调查分析事故原因，慰问伤员，并对省市党、政领导和部队表示感谢。在省市的领导和驻军的大力支持下，伤员的抢救和治疗工作安排得比较周密，受伤的旅客和列车乘务人员，除少数送入就近的新民县医院抢救外，其余的均由沈阳市和军队、铁路医疗部门派车接到沈阳，及时得到了抢救和治疗。

经调查分析，造成这次事故的直接原因，是锦州铁路局大虎山工务段兴隆店养路工区工人在该处做无缝线路补修作业时，违反劳动纪律和操作规程，将起道机立放在钢轨内侧，擅离岗位，到附近的道口看守房去吃冰棍，当193次快车通过时，撞上起道机，引起列车脱轨颠覆事故。

这次事故是发生在旅客列车上的一次严重事故，又是发生在全国开展的"安全月"活动中，使国家和人民生命财产蒙受了巨大的损失，在政治上造成了极坏的影响，性质是非常严重的，我们心情十分沉痛。这次事故的发生和最近一个时期安全工作不稳定的状况，说明了我们铁路基础工作薄弱，管理不善，思想政治工作不落实；反映了我们作风不扎实，对安全工作抓得不力，在安全生产中管理不严，职工纪律松弛的问题长期没有得到解决。

为了使全路职工从这起严重事故中吸取教训，我们于5月31日召开了由各铁路局、铁路分局、全路各工务段负责同志参加的紧急电话会议，通报了这次事故，提出了搞好安全生产的紧急措施。要求铁路各部门、各单位必须把安全工作放在第一位，各级领导干部要树立安全第一的思想，并向全体职工进行安全教育，使每个职工都牢固地树立起对国家、对人民极端负责的观念，认真落实岗位责任制，严格遵守劳动纪律，一丝不苟地执行规章制度和操作规程；各单位要针对近年来新工人比重不断增长的情况，加强对新工人的教育和考核工作，各行车和涉及安全生产的主要工种不经考试合格不得单独作业；对各种行车设备要进行一次认真检查，发现问题及时解决；同时，各单位要切实解决职工生活中应该而且可以解决的具体问题，解除职工的后顾之忧；动员广大职工干部迅速行动起来，以这次事故为教训，采取

---

① 现交通运输部。

措施，堵塞漏洞，保证行车安全。

我们在6月份开展的"人民铁路为人民"活动中，要把搞好安全生产作为重点，并在今后当作长期的根本任务来抓。党、政、工、团各部门要从不同角度抓好安全工作，迅速改变目前安全生产不好的被动局面。

锦州铁路局对这次事故的主要责任者，已按照法律程序提出起诉，追究刑事责任；对与事故有关的分局、工务段领导也作了严肃的正确的处理。铁道部决定给予锦州铁路局局长×××同志和党委书记×××同志以行政记过处分。这次事故虽然发生在下属单位，但我们负有重要的领导责任，为接受教训，教育全职工，恳请国务院给我们以处分。

铁道部
××××年××月××日

（资料来源：道客巴巴 doc88.com）

3. 答复报告

答复报告即对上级机关所询问的问题作出答复的报告。

【例文】

××市人民政府关于治理××河水质污染问题的报告

××省人民政府：

省政府转来××委员会提出的关于××河水质污染状况的报告，经市政府调查研究，对报告中提出的有关问题及解决方案报告如下：

（一）解决××河水质污染问题的关键是尽快建成污水处理厂。现在××河的污染主要是××区排放的污水所致。×区的排放量为25万吨，污水比较集中，因污水处理厂未能及时建立，致使污水直接排入××河，造成了××河的污染。

（二）为解决××河的污染，市政府已抓紧×区污水处理厂建设，争取在××××年建成。×区污水处理厂原设计概算为8 316万元，按现行价格估算约为1 100万元，已于××××年×月开工，建成了8项附属设施，共计完成投资200万元。市政府今年安排的300万元投资已全部落实，×区城环局正在组织实施。

根据××河河道以南人口密集区的地下水污染和环境问题，在污水处理厂未建成之前，利用现有污水管道，把污水引到×区污水处理厂以西，污水直接排入污水处理厂的出口，这就避开了污染区。

（三）电热厂的粉煤灰也是污染源之一。对于电热厂储灰厂的选址，必须考虑到对地下水和环境的污染问题。选址已责成×区电热厂抓紧做工作，争取尽快报市政府有关部门审批。对南储灰厂渗漏对地下水的污染，主要采取截流集中排放的措施，以减少对地下水的污染。

××市人民政府
××××年××月××日

（四）报告的写作

1. 标题

报告的标题可根据需要省略发文机关，但事由和文种不能省略。

2. 主送机关
原则上主送一个上级机关，如需其他上级机关了解时，以抄送的方式处理。

3. 正文
1）开头

开头主要交代报告的缘由，概括说明报告的目的、依据或原因等，常用"现将××有关情况报告如下"转入下文。

2）主体

这是报告的核心部分，用来说明报告事项。

（1）工作报告

工作报告主要写具体工作任务的完成情况，内容一般包括基本情况、主要成绩、做法、存在的问题、对今后工作的建议等几个部分。内容较多的报告，可分条列项，也可采取总分式写法或用小标题来安排结构。

（2）情况报告

情况报告通常概括叙述事件发生、发展的主要经过、原因、性质，同时要写出处理意见或处理建议。

（3）答复报告

答复报告答复报告要根据真实、全面的情况，按照上级机关的询问和要求回答问题。

3）结语

结语常用的有"特此报告""专此报告""以上报告，请审阅""如无不妥，请批转有关单位执行"等。

4. 落款
落款包括生效标识和成文时间两项内容。

参考答案

四、写作训练

1. 指出下文中存在的主要问题

关于人民网网友反映××区域供水问题有关情况的汇报

市住建委：

委领导批转的《人民网网友留言交办通知单》悉，×××公司经专人现场了解，××区域供水水压正常、水质良好。现将有关情况汇报如下：

一、关于×新区自来水"水压低、水流小"的问题

×××公司向××区域供水的压力一直保持正常，且并未接到其他用户反映供水压力不足等问题。考虑到在日常维修服务过程中×××公司曾发现个别用户因家中水龙头问题，造成水流偏小的现象，对于该网友留言反映的"水压低、水流小"问题，建议该用户留下联系方式或直接与×××公司联系，×××公司将安排工作人员上门进行检查维修。

二、关于×新区自来水中有漂白粉味道的问题

×××公司向××区域供水的水质始终良好，完全符合国家饮用水卫生标准。×××公司 A 水厂一直严格按国家标准使用二氧化氯进行消毒，而非漂白粉或类似物质，且并未接

到其他用户有类似反映。对于该网友留言反映的"自来水中有漂白粉味道"问题，×××公司将在与该网友取得联系后，安排工作人员对该户水质进行检查检测。

以上报告是否妥当，请指示。

××××年××月××日

2. 写一份报告

根据下列材料，代××县××区教育局向××县教委拟写一份报告，汇报××小学发生火灾的情况。

要求：

① 按照报告规范格式写作，有标题、主送机关、正文、制发单位印章、成文日期。

② 字数300字以内

材料：

××××年1月18日晚7时50分，××县××镇县××小学5间大教室突燃大火并先后坍塌，大火烧了两个多小时，被烧面积达300平方米左右，所幸未造成人员伤亡。

这座小学共有两排平房，其中一排的5间教室被大火吞噬，房梁坠落，先后坍塌。消防队员经过一个多小时的全力扑救，晚10左右，大火被彻底扑灭。

单元五 请示

1. 掌握请示的适用范围；
2. 了解请示的类型；
3. 掌握请示的写作方法。

能根据工作需要，拟写出内容准确、格式规范、措辞得体的请示。

一、模拟任务

××部门党支部任期届满，按照相关规定，要进行换届选举。请你代表党支部向上级拟写一份换届选举的请示。

二、例文鉴赏

【例文】

关于××部门党支部委员会换届选举的请示

中共××公司党委：

　　我党支部现有党员22名（无预备党员）。党支部委员会是××××年××月××日选举产生的，至今已任期届满。根据《中国共产党章程》和《中国共产党基层组织选举工作暂行条例》的有关规定，经支部委员会研究决定，拟于××××年××月××日召开支部党员大会，采取无记名投票和差额选举办法进行支部委员会换届选举工作。下届支部委员会拟由4人组成，其中书记1名、组织委员1名、宣传委员1名、纪检委员1名。

　　××月××日，我支部委员会在广泛听取支部党员意见的基础上，经过充分讨论酝酿，拟确定×××、×××、×××、×××、×××5名同志（含差额1名，差额比例为

20%)为新一届支部委员会委员候选人预备人选,其中×××同志作为支部书记候选人预备人选。

妥否,请批示。

××部门党支部
××××年××月××日

三、必备知识

(一)请示的使用范围

请示适用于向上级请求指示、批准。请示属于上行文。

(二)请示的特点

1. 一文一事

请示应一文一事,即一份请示只能请求批准一件事情或解决一个问题。如果一文多事,很可能导致受文机关无法批复。

2. 请批对应

请示的行文目的是请求上级批准,解决某项具体问题,要求作出明确的答复。上级机关对呈报的请示事项,无论同意与否,都必须给予明确的答复。

3. 事前行文

请示必须事前行文,等上级机关作出答复后才能付诸实施。没有上级的答复,就不能自作主张行事,不能"先斩后奏"。

(三)请示的种类

1. 请求指示的请示

此类请示一般是政策性请示,是下级机关需要上级机关对原有政策规定作出明确解释,对如何处理突发事件或新情况、新问题作出明确指示的请示。

【例文】

关于按追诉标准立案的请示

省××厅:

在开展如实立案工作中,我局各县级公安机关多次反映,目前基层一直存在着统计标准和追诉标准两个不同的立案标准,前者依据的是省××厅《关于进一步规范盗窃等几类案件立案统计标准的通知》(湘公通〔××××〕21号),该文件对盗窃、抢夺、诈骗、毒品、赌博五类常见案件的立案统计标准作了要求;后者依据的是检察机关、人民法院的多个文件,两个标准差距较大,导致工作无所适从。加之省高院、省检察院又于今年出台《关于确定我省办理八种财产犯罪案件数额认定标准的意见》,该文件将于8月1日付诸实施。实施后将进一步扩大这一差距(详见附件)。

我们认为,应按追诉标准立案,理由是:公检法在办理刑事案件程序上互为衔接,立案

标准理应统一。

  妥否，请批示。

  附件：盗窃、抢夺、诈骗案立案标准示意图

××市公安局（印章）
××××年××月××日

（资料来源：《应用写作》2019 年第 10 期 P54-P55）

2. 请求帮助的请示

请求帮助的请示是需要上级机关给予帮助和支持的请示。内容一般涉及经费短缺、设备不足、人手不够等具体方面的问题。

【例文】

关于解决救灾贷款规模和救灾资金的紧急请示

中国农业银行总行：

  今年入汛以来，我省连续遭受大暴雨、飑线风、冰雹袭击，造成了严重的洪涝灾害。4月1日至6月27日，全省平均降雨量981毫米，有36个县（市）降雨量超过1 000毫米，最高的达1 736毫米。仅6月1日至27日，全省平均降雨量461毫米，比历年同期增加1倍，接近中华人民共和国成立以来雨量最多的1954年，部分地区超过1954年同期雨量的122毫米。这次降雨来势凶猛，突发性强，持续时间长，暴雨过程多，降雨集中，强度大，致使山洪暴发，江河水位多次猛涨，大幅度超过警戒水位。信江、乐安河、修河水位超过历史最高水平，其中袁河宜春站超过历史最高水位0.99米，赣站水位也达中华人民共和国成立以来第二位。因长江洪水来得早，水位高，致使××湖水位已超过历史同期最高水位，许多地区多次受淹遭灾。

  严重的洪涝灾害，给我省工农业生产和人民生命财产造成了巨大损失。据不完全统计，截至6月28日，全省有85个县（市）、1 696个乡（镇）1 519.13万人不同程度受灾；有29个县（市）城区进水受淹，2 915个自然村、114.27万人被洪水围困；冲毁自然村22个、1 184户；因灾死亡202人，伤4 835人；受灾农作物面积103.58万公顷①，成灾面积72万公顷，其中绝收面积32.65万公顷，毁坏农田41 043公顷；倒塌房屋12.46万间，8.18万人无家可归；死亡大牲畜33万头；毁坏公路路基面3 217.26公里，105、316、320、206、318、323等六条国道通信线路1 091公里、广播线路1 928公里；2.3万家企业（含乡镇企业）受灾，其中4 221家因灾停产，5 167家部分停产。据初步统计，全省因灾直接经济损失97.33亿元。

  近日，我行已尽最大努力紧急调剂3 000万贷款规模投入重灾区。由于信贷资金十分紧张，6月中旬，我行备付率仅5.54%，扣除"汇出汇款"须在人民银行存入保证金（特种存款）的因素，实际备付率仅5.02%。本月下旬归还总行借款0.3亿元；尚需清算占用农行资金0.84亿元；以及由于灾民一方面支取存款增多，另一方面农行发放救灾贷款，预计本月下旬将出现贷差0.6亿元，仅此三项6月下旬就要运用资金1.74亿元，月末备付率将继续下降。因此，救灾资金确实无力解决。

---

① 1公顷=0.01平方千米。

为了尽快支持灾区灾民和使企业尽快恢复生产、生活，恳请总行解决我省年度救灾贷款规模 6 亿元、救灾资金 3 亿元，其中银行救灾规模 2 亿元，信用社救灾规模 4 亿元。

专此请示，恳请批复。

中国农业银行××省分行
××××年××月××日

（资料来源：百度文库 baidu.com）

3. 请求批准的请示

这类请示所涉及的是下级机关限于自己的职权，无权自己办理或决定的事项。

【例文】

关于设立××经济开发区的请示

×政×〔××××〕180 号

省人民政府：

我市××区成立于××××年年底，全区国土面积 1 657 平方公里，辖 17 个乡镇、5 个街道，总人口 83.6 万人。××××年全区地区生产总值 42.5 亿元，财政收入 2.15 亿元，农民人均纯收入 2 488 元，是一个农业市辖区、国家级贫困区和省江淮分水岭重点治理区。为促进该区经济社会又好又快地发展，急需设立"××经济开发区"，依据如下：

一、设立××经济开发区是以工促农、以城带乡、统筹城乡发展的需要

××区现有农业人口 65.6 万人、占 79%，22 个乡镇街中有乡镇 17 个、占 78%，是典型农业区，还是全省商品粮生产重点县（区）、国家级贫困县区和省江淮分水岭重点治理区，区域经济发展任务繁重，以农为主、工业发展不足是该区当前主要矛盾。要实现以工促农、以城带乡，必须发展壮大工业。××区不论从人口总数、国土面积看，还是从经济总量、投资强度等方面看，都相当于本省中等县规模，而且区级政府职能齐全、财政独立，应给予一个工业发展平台，与县一样设立工业园区。

二、设立××经济开发区是适应区域工业经济快速发展的需要

××区十分重视工业发展，制定并实施了工业主导发展战略，形成了一批支柱产业和骨干企业，并向集群化发展。××××年全区工业增加值占生产总值 30.8%，预计"×××"期末工业经济占全区经济总量将达 50%。为适应全区工业经济快速发展的需要，建立一个用地集约化、工业集群化、产业相互配套的工业园区势在必行。

三、设立××经济开发区符合我市城市规划、经济布局的要求

根据×××市城市总体规划，城区已没有设立××经济开发区的理想地块，拟于××区××镇内设立。××镇位于××城区东部，相距仅 15 公里，宁西铁路、合武铁路、合武高速、312 国道穿境而过，距合肥新桥机场不足 30 公里，区位、交通优势明显，具备建设工业园区的外部条件。将××经济开发区设于此镇，符合市委、市政府提出的城区"哑铃型"发展思路，符合东向发展、融入省会经济圈的需要。

四、设立××区经济开发区的条件基本具备

拟设立××经济开发区的××镇现为副县级建制，工业基础较好，发展速度较快。××区专门成立了"××区××镇工业基地领导小组"，有专设办事机构和专人办公，对工业基

地进行专项规划,建立了工业基地管理制度。××××年全镇规划工业用地3.5平方公里,经过近几年建设,工业区内道路、给排水、绿化等基础设施逐步配套,已引进工业企业等33家,累积到位资金2.7亿元,具备了设立经济开发区的条件和要求。

综上所述,在我市××区××镇设立××经济开发区,既十分紧要,又切实可行,恳请省政府批准同意。

特此请示。

×××市人民政府
×××年××月××日

(资料来源:《应用写作》2019 年第 9 期 P49-P50)

4. 请求批转的请示

这类请示一般是业务主管部门就某一全局性的问题提出解决办法,请示上级机关批转各地执行的请示。

【例文】

关于中国公民自费旅游管理暂行办法的请示

国务院:

随着改革开放的不断扩大,人民生活水平不断提高,近年来,中国公民自费出国旅游不断增加,为适应改革开放形势,加强中国公民自费出国旅游的管理,特制定了《中国公民自费出国旅游暂行办法》。

附:《中国公民自费出国旅游暂行办法》

以上暂行办法如无不妥,请批转发布执行。

国家旅游局[①]
公安部
××××年××月××日

(资料来源: 第一范文网 diyifanwen.com)

(四)请示的写作

1. 标题

请示的标题由发文机关名称、事由和文种构成。报告与请示是两种不同的公文,写标题要注意,不能将"请示"写成"报告"或"请示报告"。标题中也不宜重复出现"申请"或"请求"之类的词语。

2. 主送机关

请示的主送机关只能有一个。如需同时送其他机关,应用抄送形式,不能多头请示。

3. 正文

请示的正文由缘由、事项和结语三部分组成。

(1) 缘由

缘由是请示事项能否成立的前提条件,也是上级机关批复的根据。原因讲得客观、具

---

① 现国家文化和旅游部。

体，理由讲得合理、充分，上级机关才好及时决断，予以有针对性的批复。缘由是写作请示的关键。

（2）事项

主要说明请求事项。它是向上级机关提出的具体请求，也是陈述缘由的目的所在。请示事项要写得具体、明确，如果内容比较复杂，可分条列项写清楚。以便上级机关给予明确批复。

（3）结语

结语是请示中必不可少的一项内容。结语一般有"妥否，请批复""请审批"或"以上请示如无不妥，请批准"等。

4. 落款

落款署上发文机关和成文日期，并加盖印章。

四、写作训练

参考答案

1. 指出下文中存在的主要问题

关于××大学多媒体教室资金不足的请示报告

市人民政府、市教育局：

随着教学技术的不断进步，我校大部分老师上课利用多媒体资源授课。但现有的资源配置不能满足老师和学生的需求，为解决这一困难，我校决定加强多媒体教室的建设，希望对我校给予支持。

特此请示，请回复。

××大学
××××年××月××日

2. 写一份请示

公司某部门计划开展秋游活动，预算经费已纳入年初该部门工会活动预算中，但需向公司请求批准后方可使用。请你代该部门草拟这份经费预算请示。

单元六 函

1. 掌握函的适用范围；
2. 了解函的类型；
3. 掌握函的写作方法。

能根据工作需要，拟写出内容准确、格式规范、措辞得体的函。

一、模拟任务

××地铁公司在××职业技术学院选拔了×××名在校生，组建为订单班。按照订单班培养计划，第6学期毕业顶岗实习应在企业进行。该项工作由××地铁公司人力资源部负责，请代该部门向××职业技术学院行文，告知学生毕业顶岗实习报到等相关安排。

二、例文鉴赏

【例文】

关于 2019 届实习生报到等事宜的函

××职业技术学院：

感谢贵校在校园招聘工作中的大力支持，根据我司 2019 届毕业生实习培训计划，我司拟于 2019 年 2 月 26 日组织贵校 2019 届×××等实习生前往我司进行实习培训（具体实习人员名单详见附件），现将相关事宜说明如下：

一、报到时间及地点

报到时间：2 月 26 日　9:30—10:30

报到地点：××市××区××××××

乘车路线1：略

乘车路线2：略

二、报到准备

（1）近期个人1寸白底彩照8张；

（2）身份证原件及复印件10份（正反面复印在同一张A4纸）；

（3）准备好个人生活必需品（床上用品、衣物、洗漱用品等，公司免费安排住宿）及学习用品；

（4）报到当日，实习人员需着正装，穿浅色衬衣（女士正装的下装为裤装）。

三、其他说明

（1）如当天12:00前仍未报到者，视为本人放弃实习和录用资格（特殊原因需经学校相关负责人提前告知我司），两年内不允许参加××地铁应聘。

（2）若报到当天未按要求携带所需个人资料，或不符合岗位要求的其他情况，我司有权根据相关协议规定拒绝其报到。

（3）各单位联系人（略）。

请贵校大力支持。

特此函达。

附件：××职业技术学院2019届实习安排表

××市地铁集团有限公司人力资源部

2019年1月2日

三、必备知识

（一）函的使用范围

函适用于不相隶属机关之间商洽工作、询问和答复问题、请求批准和答复审批事项。

（二）函的特点

1. 沟通性

函主要用于不相隶属机关之间相互商洽工作、询问和答复问题，体现着双方平等沟通的关系，这是其他上行文和下行文所不具备的特点。

2. 灵活性

函的使用范围极广，使用频率极高，可谓公文中的"轻武器"。任何级别的机关、企事业单位都可以使用，不仅可以平行行文，还可以向上行文或下行文。在适用的内容方面，它除了主要用于不相隶属机关相互商洽工作、询问和答复问题外，也可以向有关主管部门请求批准事项，向上级机关询问具体事项，还可以用于上级机关答复下级机关的询问或请求批准事项，以及上级机关催办下级机关有关事宜。此外，函有时还可用于上级机关对某件原发文件作较小的补充或更正。

另外，函的格式灵活。可以严格按照公文的要求制作，也可以不加标题、不编发文字号，用单位信笺书写，落款署上发文机关名称、发函日期并加盖公章即可。

3. 单一性

函的内容比较单一，一份函只宜写一件事项。

（三）函的种类

函可以从不同角度分类：

按性质、格式分，可以分为公函和便函两种。

按行文方向分，可以分为发函和复函两种。

发函即主动提出公事事项所发出的函；复函则是为回复对方所发出的函。

从内容和用途上分，还可以分为商洽函、请批函、询答函、告知函等。

1. 商洽函

商洽函即不相隶属机关之间商洽工作、联系有关事宜的函。

【例文】

××晨报社关于联合××市交警支队建设畅行××便民信息平台的函

××市交警支队：

随着××市机动车数量快速增长，城市交通管理压力相应增大。城市交通的安全与畅通，既需要多方的参与，更需要方便快捷的信息服务。智能手机作为个人移动终端已成为人们获取信息最重要的途径，应用这一新技术和新平台，有利于宣传和推广城市交通管理部门推出的新举措，让机动车驾驶人及时了解权威资讯，且快速简便地办理相关事务，营造安全而畅行的交通氛围；有利于塑造和宣传新媒体时代城市交通管理者的新形象，构建和谐的警民关系。为此，作为专业媒体的××晨报希望联合贵单位建设"畅行××"便民信息平台，推出一款提供给××市机动车驾驶人使用的交通手机应用程序，利用新技术和新平台参与城市交通的管理，并希望贵单位协助做好以下工作：

一、提供城市交通管理的官方资讯

通过信息平台让车主第一时间了解权威管理信息和相关措施。

二、提供××市交通路况信息

通过信息平台，结合通行定位，及时将拥堵路况推送到车主手机上，让车主提前避开交通高峰和拥堵路段，配合交警部门的管理。

三、及时推送交通违章信息

方便车主在其智能手机上通过该应用程序查询和办理各项机动车事务。

四、提供与贵单位官方网站系统对接的技术支持

提供与贵单位官方网站系统对接的技术支持，以进行数据共享、平台联通、方便信息的发送与反馈。

专此函商，当否，敬请函复为盼！

××晨报社

××××年××月××日

（资料来源：《应用写作》2018 年第 1 期 P48-51）

2. 请批函

请批函即不相隶属机关之间请求批准和答复审批事项的函。

【例文1】

×××厂关于水源输水管路穿越铁路的申请函

××水源字〔××××〕×号

××铁路分局：

为了缓和我厂用水严重不足的紧张局面，××××年我厂计划将两眼自备水源管井移地大修。因此，需有一条ϕ200毫米的地下输水管线穿越××至××铁路线。特向贵局提出申请：

1. 穿越位置：××至××铁路线的3公里260米处，此处路基高为1.9米（见附图1）。
2. 施工方法：采用钢筋混凝土套管顶入法施工（顶管施工方案见附图2）
3. 路基两侧各有20米和7米宽的小树及荆条带，在施工中要有5米地段受到损害。
4. 施工期定于××××年秋季至××××年春季。

请审批。

附：图1、图2（略）。

×××厂（章）
××××年××月××日

【例文2】

××铁路分局关于×××厂输水管路穿越铁路的复函

××字〔××××〕×号

×××厂：

你厂××水源字〔××××〕×号《×××厂关于水源输水管路穿越铁路的申请函》收悉。经研究，同意你厂水源输水管路在××线3公里260米处穿越。在施工中要特别注意输水管路与铁路地下电缆交叉问题。具体事宜请与××工务段和××通信段联系，共同制定施工组织措施，确保铁路设备和行车安全。用地手续，请到我局土地林业管理办公室办理。

根据××省政府××字〔××××〕第×号文件精神，当铁路建设需要时，穿越铁路的设施应无条件改移。

××铁路分局（章）
××××年××月××日

3. 询答函

询答函即不相隶属机关之间相互询问和答复有关具体问题的函。

【例文】

关于询问××公司采购过滤器台数的函

××公司：

我公司于××××年××月××日收到贵公司的一份进气过滤器（一级、二级、三级）的询价函。在过滤器采购外协技术要求部分第三条要求抗硫材料一般需要提供两种材料试验报告：《抗氢诱导裂纹试验》《抗压力腐蚀开裂试验》，根据主材料厂商要求，每种过滤器的

采购台数在十台以上，主材料厂商方能提供贵公司所需的资料文件。

所以，烦请贵公司尽快确定采购过滤器台数后通知我方。

特此询问！

××设备有限公司
××××年××月××日

（资料来源：百度文库）

4. 告知函

即告知不相隶属机关有关事项的函。

【例文】

××省人民政府办公厅关于
××省人民政府驻福州办事处更名的函

福建省人民政府办公厅：

根据工作需要，我省确定，将××省人民政府驻福州办事处更名为××省人民政府驻福建办事处。特此函告，并请协助办理有关登记注册手续。

××省人民政府办公厅
××××年×月××日

（四）函的写作

1. 标题

公函的标题一般有两种形式：一种是由发文机关名称、事由和文种构成。另一种是由事由和文种构成。

2. 主送机关

函的主送机关是受文并办理来函事项的机关。

3. 正文

（1）开头

开头主要说明发函的缘由。一般要求概括交代发函的目的、根据、原因等内容。复函则用一句话引述来函的标题、发文字号，然后再交代根据，以说明发文的缘由。

（2）主体

主体要具体写明所商洽、询问、告知或请求批准的事项。如果属于复函，要针对来函事项给予明确的答复。

（3）结尾

结尾一般用礼貌性语言向对方提出希望，或请对方协助解决某一问题，或请对方及时复函，或请对方提出意见或请主管部门批准等。

（4）结语

结语常用惯用语作结，如"特此函达""请即复函""特此函告""特此函复"等。有的函也不写结语。

4. 落款

落款一般包括署名和成文时间两项内容。即署名机关单位名称，写明成文时间年、月、日；并加盖公章。

四、写作训练

1. 指出下文中存在的主要问题

参考答案

××农场关于解决欠货问题的复函

××县食品公司：

11月4日来函收悉。以往关系，令人满意，值得双方珍惜。

按合同我场向贵公司提供的食品，有的已过半，有的达七八成，只有部分"不足一半"。造成欠货的主要原因是我场下半年遭到台风的袭击和鸡瘟的危害，种养业产量大为下降。至于你们两次来信，我们并无收到，不是置之不理。

老实相告：要在12月底如数交足欠货，我们困难极大。如果你们一定要"按合同罚款"，我们只好上经济法庭。请注意，原合同上有一句："如无天灾瘟疫等意外情况，甲方（××农场）必须在今年12月底交足所订货额，否则按合同罚款。"我们的种养业既遭天灾又遇瘟疫……还是珍惜以往的关系，双方代表坐在一起协商解决为好。

特此函复。

××农场（公章）

××××年××月××日

2. 写一份请求批准的函

××职业技术学院因施工需要，拟砍伐校园内的3株树龄在10年左右的红花羊蹄甲树。请代××职业技术学院向××市林业和园林局拟写一份请求批准的函。

选出几份具有代表性的学生作业，由师生共同点评其优点和不足。

 拓展例文

拓展例文

模块七 契约类文书

单元一　备忘录

1. 掌握备忘录的适用范围；
2. 了解备忘录的类型；
3. 掌握备忘录的写作方法。

能根据工作需要，拟写出内容准确、格式规范、措辞得体的备忘录。

一、模拟任务

中国龙湖公司与×国××公司洽谈协商合资经营××项目，由你就洽谈结果形成备忘录。

二、例文鉴赏

【例文】

龙湖公司与××公司会谈备忘录

中国龙湖公司（简称甲方）与×国××公司（简称乙方）的代表，于××××年××月××日在××市甲方总部就兴办合资项目进行了初步协商，双方交换了意见，并作出有关承诺。为便于将来继续洽谈，形成备忘条款如下：

（一）依据双方的交谈，乙方同意就合资经营××项目进行投资，投资金额大约为×××万美元。投资方式待进一步磋商。甲方用厂房、场地、机器设备作为投资，其作价原则和办法，亦待进一步协商。

（二）关于利润分配的原则，没有取得一致意见。乙方认为自己的投入既有资金，又有技术，应该占60%～70%，甲方则认为应该按投资比例分成。乙方代表表示，利润分配比例愿意考虑甲方的意见，希望另定时间协商确定。

（三）合资项目生产的××产品，乙方承诺在国际市场上销售产量的45%，甲方希望乙方将销售额提高到70%～75%，其余的在中国市场上销售。

（四）工厂的规模、合资年限以及其他有关事项，尚未详细讨论，双方都认为待第二项内容向各自的上级汇报确定后，再商议；

（五）这次洽谈虽未能解决主要问题，但双方都表达了合作的愿望。期望在今后的两个月内再行接触，以便进一步协商洽谈合作事宜。再次洽谈的具体时间待双方磋商后再定。

中国龙湖公司　　　　　　　　　　　　　　　×国××公司

代表×××（签章）：　　　　　　　　　　　代表×××（签章）：

三、必备知识

（一）备忘录的使用范围

备忘录是记录有关活动或事务，主要用于揭示或提醒作用，以免忘却的一种记事性文书。日常生活中，它可以用于个人事务的记录，也可以用作商务谈判或业务合作的记录。

备忘录也是外交上往来文书的一种，其内容一般是对某一具体问题的详细说明和据此提出的论点或辩驳，以便于对方记忆或查对。外交会谈中，一方为了使自己所做的口头陈述明确而不至于引起误解，在会谈末了当面交给另一方的书面纪要，也是一种备忘录。备忘录可以在双方会谈时当面递交，也可以作为独立的文件送给有关国家，还可以附在照会、公报、声明等文件后面，作为补充文件。

备忘录写在普通纸上，不用机关用纸，不签名，不盖章。备忘录可以当面递交，可以作为独立的文件送出，也可作为外交照会的附件。现在备忘录的使用范围逐渐扩大，有的国际会议用备忘录作为会议决议、公报的附件。

（二）备忘录的特点

1. 事务性

备忘录所记录的事项有两类：一类是如实记录现实中曾经发生过的事实真相，如记录商务谈判中双方所表达的承诺、一致或不一致的意见等；另一类是为了避免忘却而提前记下计划办理的事项。如上级发给下级的工作要点备忘条。

2. 非强制性

备忘录是双方磋商过程中，对某些事项达成一定程度的理解与谅解及一致意见，将这种理解、谅解、一致意见以备忘录的形式记录下来，作为今后进一步磋商、达成最终协议的参考，并作为今后双方交易与合作的依据，但不具有法律约束力。

（三）备忘录的种类

1. 面交备忘录

【例文】

技术交流会备忘录

甲方：××柴油机重工有限公司

乙方：××科技发展有限责任公司

本备忘录于××××年7月8日在××柴油机重工有限公司签订

甲方参会人员：

公司质量总监：李×春

采 购 部：屈×峰

生产技术部：岳×民、邓×萍、谢×平

售后服务部：马×军

装配试验厂：赵×军

装试二分厂：史××、裴×英

检验部：罗×

质量管理中心：戚××、来×超

乙方参会人员：

××凯商科技发展有限责任公司项目经理杨承伟

××（上海）自动控制有限公司应用经理赵彤

××（上海）自动控制有限公司大客户销售经理马颖

甲方情况介绍：

××柴油机重工有限公司就近期使用××产品（传感器）故障件问题进行了详细说明。

乙方情况介绍：

××（上海）自动控制有限公司应用经理介绍各类传感器性能、使用方法及注意事项；

经双方对故障件原因分析，对产品使用性能、技术协议、后期服务及商务等共同会商，达成以下共识：

1. ××科技发展有限责任公司提供后续产品完整的技术规格书、产品批量原产地证明材料，××柴油机重工有限公司需要时应协助向客户对提供产品进行现场说明；

2. 对前期故障件121件传感器的处理，××凯商科技发展有限责任公司与我公司采购部协商解决；后续××将故障件寄给供方检测，供方应提供检测报告；

3. ××科技发展有限责任公司提供给××传感器的使用及培训资料；

4. ××科技发展有限责任公司应对我公司使用传感器预设定性能参数给予考虑；

5. ××科技发展有限责任公司提供我公司产品质保期由双方后续协商解决。

经双方授权代表于文首所载日期签署本备忘录，以兹证明。

甲方：   乙方：

代表×××（签章）：   代表×××（签章）：

2. 送交备忘录

【例文】

会议备忘录

××省××建材有限公司（简称A方）与××市万绿美农特产品有限公司（简称B方）的代表于××××年××月××日在B方总部就投资农特产品一事进行了初步协商，在平等友好的气氛下双方交换了意见，并对以下事项达成了初步共识：

（一）依据双方的交谈，A方同意就合资经营农特产品项目进行投资，投资金额大约800万元人民币。投资方式待进一步磋商。

（二）关于利润分配原则，双方达成一致意见，都认为应以双方投资比例进行利润分成。

（三）双方合资项目生产的农特产品，B方承诺年收益达到20%以上。

（四）A方要求安排一定的监督人员对其整个环节进行参与监督，尤其是参与财务方面的管理。

（五）A方要求B方三年之内实现资金回笼，开始盈利。

（六）双方都有义务对本备忘录保守秘密，A方保证不向别国转让备忘录和协议书规定的资料。

××省××建材有限公司　　　　××市万绿美农特产品有限公司
代表：×××（盖章）　　　　　代表：×××（盖章）

××××年××月××日

3. 谅解备忘录

谅解备忘录指处理较小事项方面的条约，双方经过协商、谈判达成共识后，用文本的方式记录下来，"谅解"旨在表明"协议双方要互相体谅，妥善处理彼此的分歧和争议"。例如，1995年5月31日《中华人民共和国外交部和新加坡共和国外交部关于建立磋商制度的谅解备忘录》。

【例文】

××公司与××易达进出口贸易有限公司的谅解备忘录

本谅解备忘录（本备忘录）于＿＿＿＿年＿＿月＿＿日由以下双方签订：

＿＿＿＿＿＿＿＿＿＿＿＿＿＿＿＿，为一家根据刚果(金)法律成立并存续的＿＿＿＿＿＿＿＿，法定地址位于＿＿＿＿＿＿＿＿＿＿＿＿＿＿（以下简称甲方）。

××易达进出口贸易有限公司，为一家根据中国法律成立并存续的有限责任公司，法定地址位于×市绿园区合心镇长白公路××××号（以下简称乙方）；

甲方和乙方以下单独称为一方，合称为双方。

前言

（1）甲方情况简介：＿＿＿＿＿＿＿＿＿＿＿＿＿＿＿＿＿＿＿＿＿＿＿＿＿＿

（2）乙方情况简介：××易达进出口贸易有限公司是主要从事进出口贸易的公司，××××年3月经商务部批准设立了××易达进出口贸易有限公司驻刚果(金)代表处，公司驻刚果(金)代表处规划于××××年6月开始在刚果(金)正式运营。公司驻刚果(金)代表处的办公场地和××商品刚果(金)营销展示中心正在筹划中，预计××××年12月全部投入使用并开始运营。

（3）双方同意，在本项目实施前，双方需各自取得本国内部所有必要批准，以签订具有约束力的合同（统称项目合同）。项目合同具体条款待双方协商达成一致。

因此，双方特此协议如下：

1. 双方已达成初步谅解的事项及各自义务

（1）××易达进出口贸易有限公司有意在刚果（金）设立"××商品刚果（金）营销展示中心项目"（本项目）。

（2）乙方对项目的投资和开发提供全方位支持和激励政策，提供刚果（金）相关政府部门和机构的支持。

2. 双方拟进一步磋商的事项

本项目具体内容，将根据未来需要，经过随后谈判由双方签署的项目合同最终确定。

3. 双方在签署本备忘录之后应采取的行动

双方应本着诚实信用的原则，在本备忘录签署后____天内就项目合同条款开始进行谈判，以在____年___月___日当日或之前完成该等谈判工作并签署项目合同。

4. 保密资料

本备忘录签署前以及在本备忘录有效期内，一方（披露方）曾经或者可能不时向对方（受方）披露该方的商业、营销、技术、科学或其他资料，这些资料在披露当时被指定为保密资料（或类似标注），或者在保密的情况下披露，或者经双方的合理商业判断为保密资料（保密资料）。在本备忘录有效期内以及随后二年内，受方必须：

（1）对保密资料进行保密；

（2）不为除本备忘录明确规定的目的之外的其他目的使用项目资料；

5. 独家谈判

在____年___月___日之前，任何一方不得直接或间接与第三方就本备忘录标的事项进行任何磋商、谈判，达成谅解或任何形式的协商或安排。

6. 本备忘录内容保密

除非按照法律规定有合理必要，未经另一方事先书面同意，任何一方不得就本备忘录发表任何公开声明或进行任何披露。

7. 本备忘录的修改

对备忘录进行修改，须双方共同书面同意方可进行。

8. 本备忘录具有/不具有约束力的条款

双方确认，除第4条至第6条（包括第4条及第6条）对双方具有约束力之外，本备忘录不是具有约束力或可强制履行的协议，也不在双方之间设定实施任何行为的义务，无论该行为是否在本备忘录中明确规定应实施还是拟实施。

9. 本备忘录的生效和终止

本备忘录经双方签字生效。

双方正式授权代表已于文首所载日期签署本备忘录，以兹证明。

<u>　××公司　</u>代表：××××××

××易达进出口贸易有限公司代表：×××

见证人：×××

（四）备忘录的写作

备忘录的写法因会议内容与类型不同而有所不同。就总体而言，备忘录一般由五部分组成：标题、眉首、正文、结束语和签署。

1. 标题

备忘录的标题有以下两种写法：

（1）单一性标题

常见的单一性标题写法是直接标示文种名称，如"备忘录"。

（2）两要素标题

两要素标题由发文单位名称和文种组成，如"万向节集团公司备忘录"。

2. 眉首

眉首也称书端，位于标题之下，正文之上，一般包括以下内容：

（1）发文人或发文单位名称

发文人或发文单位名称，也称发自，也可以标示为来自、自，其后面写明发送信息的人员姓名或单位、部门名称，如"总经理办公室"，人员姓名的前面可以根据需要标示其职务。

（2）收文人或收文单位名称

收文人或收文单位名称，也称发给、发送、致，其后面写明接收信息的人员姓名或单位、部门名称，如"人力资源部"，人员姓名的前面可以根据需要标示其职务。

（3）地址

一般包括发文人或发文单位地址和收文人或收文单位地址，有的还包括电报挂号、电传号、电话号码等。地址一项写在左上角编号处的下面，其格式与书信的写法相同。

（4）发文日期

即写明备忘录发出的日期。

（5）主题

写明备忘录正文的主题思想或内容梗概，一般要用类似电报类的词组或短语标示。

许多单位有自己特制的信笺，在写眉首时，其格式和标点符号的使用与一般信件的写法基本相同。

3. 正文

在眉首下方直接书写需要传递事项的具体内容。可以是一段到底，篇段合一；如果内容较多，可以采用分段书写。段落起首应采用空两格的形式。

4. 结束语

如果为了表示对对方的尊重，也可以写上致敬语作为结束语。如果没有必要，也可以省略致敬语。

5. 签署

正文或者结束语之后下方写明发文人或发文单位的名称，写法与一般信件的格式相同。

四、写作训练

请你根据以下材料,起草一份备忘录

近期你所在公司计划与广州市××公司进行合作会谈,就某业务进行合作。请根据提示,写一份备忘录。

参考答案

单元二 意向书

1. 掌握意向书的适用范围；
2. 了解意向书的类型；
3. 掌握意向书的写作方法。

能根据工作需要，拟写出内容准确、格式规范、措辞得体的意向书。

一、模拟任务

合同与意向书的内容及写法有何异同？

二、例文鉴赏

【例文】

××市××企业工会有关工资集体协商意向书

_____企业：

为了建立企业协调稳定的劳动关系，维护职工合法权益，促进企业健康快速发展，根据《中华人民共和国劳动法》《工会法》《集体合同规定》《工资集体协商试行办法》的精神，按照《××市企业工资集体协商实施意见（试行）》的规定，结合本企业双方签订集体合同中有关职工工资问题的规定，需要双方就本年度的职工工资等问题进行集体协商。为使协商工作顺利进行，特提出如下建议：

一、协商的主要内容（可视企业情况选择）
1. 本公司（厂）工资分配制度、工资标准和工资分配形式；
2. 职工年度平均工资收入水平和调整幅度；

3. 职工在特殊情况下的工资支付办法；
4. 奖金、津贴、补贴等分配办法；
5. 职工社会保险及其他福利待遇；
6. 双方需要协商与工资有关的其他事项。

二、确定双方协商代表

按照国家和省市的有关规定，建议双方各选派×名协商代表。职工方协商代表：工会主席为首席代表，其他代表为×××、×××。

请公司（厂）方也尽快提出协商代表名单，以便工作沟通和做好协商的准备工作。

三、正式协商的时间、地点

1. 时间：建议定于××××年××月××日进行首轮协商，并根据进度再商定下一轮次的协商时间，但最后一轮协商时间不宜超过××月××日。
2. 地点：整个协商过程的地点宜放在公用的会议室进行。

四、为了便于协商工作的顺利进行，请公司（厂）方及时提供本企业上年度和本年度的下列资料

1. 公司（厂）销售收入情况；
2. 公司（厂）利润情况；
3. 公司（厂）资产负债表；
4. 公司（厂）损益表；
5. 公司（厂）财务状况变动表；
6. 公司（厂）职工工资总额和职工平均工资；
7. 其他与工资集体协商有关的资料。

以上建议望公司（厂）采纳，并于20日内作出书面答复。

××公司（厂）工会
××××年××月××日

三、必备知识

（一）意向书的使用范围

意向书是国家、单位、企业以及经济实体与个人之间，对某项事务在正式签订条约、达成协议之前，由一方向另一方表明基本态度或提出初步设想的一种具有协商性的应用文书。

意向书的主要作用是传达意向，提请对方注意或供参考，可以约束双方的行动，保证双方的利益；意向书能反映业务工作上的关系，能保证业务朝着健康有利的方向发展；意向书可为正式签订协议或合同打下基础。

（二）意向书的特点

1. 协商性

写意向书多用商量的语气，不带任何强制性。有时还用假设、询问的语气。

2. 灵活性

意向书的灵活性主要表现在两个方面：

一是可以随时改变自己的主张。意向书发出后，对方如有更好的意见，可以直接采纳，部分改变或全盘改变都是可能的；二是在同一份意向书里可以提出多种方案供对方选择，或者对其中的某项某款同时提出几种意见或调查方案，让对方比较和选择。

3. 临时性

意向书是协商过程中各方基本观点的记录，一旦达成正式协议，便完成了意向性的使命。意向书不像协议、合同那样具有法律效力。

（三）意向书的种类

意向书的具体类别较多，但就合作各方所享有的权益和承担的义务来看，可分为三大类：

1. 单签式

即由出具合作意向书的一方签署，文件一式两份，再由合作的一方在其副本上签章认可，交还对方，就算签署完成。

2. 联签式

即联合签署式，在合作意向书上出具双方代表人的职衔及姓名，各方同时签署，然后各执一份为凭。这种形式比较郑重，重要的合作意向书签字一般还要举行仪式。

3. 换文式

这是双方以交换信件的方式来表达合作意向。形式与外交上的"换文"相同，而内容是合作事务，但仍属合作意向书的一种。

【例文】

开展多方技术经济合作意向书

广西×××对外开放办公室（甲方）与深圳××××有限公司工贸发展部（乙方），经双方协商同意，确定如下技术经济合作关系：

一、双方就以下范围进行长期的技术经济合作

1. 高科技产品开发；
2. 农副产品深加工与综合利用；
3. 外贸出口；
4. 合办第三产业；
5. "三高农业"项目开发；
6. 技术咨询；
7. 高新技术以及资金等方面的引进合作。

二、合作方式

双方本着互惠互利、利益共享、风险共担的原则，根据具体项目协商采用具体的多种合作方式。

三、合作程序

由双方商定在适当时间，组团考察，根据考察结果共同拟订合作项目、方式、内容、步骤。

四、甲乙双方义务

1. 甲方负责提供其资源、项目及资料和项目的落实。
2. 乙方负责提供合作开发项目的技术资料，组织有关技术力量，以及协调开发项目的有关关系。协助或代理甲方的产品出口、合作项目产品的出口，甲方所需或双方合作项目所需的设备、技术的引进。

3. 双方确定具体的联络人员，进行经常的联络工作。
五、此意向书一式四份，各执两份
甲方：广西×××对外开放办公室
代表：××
时间：××××年××月××日
甲方联系人：黄××
电话：（0771）603480
传真：（0771）602690
邮编：530022
联系地址：广西南宁市××路×××号
乙方：深圳××××有限公司工贸发展部
代表：李××
时间：××××年××月××日
乙方联系人：李××
电话：（0755）823226
传真：（0755）823230
邮编：618031
联系地址：深圳市××路××大厦206室

（四）意向书的写作

意向书的写作格式，一般分为标题、导语、正文和尾部四大块。

1. 标题

常用标题有三种形式：一是文种式标题，即写明"意向书"三字，这种写法较少；二是简明式标题，由事由和文种两项组成，例如"关于合作办学的意向书"；三是完全式标题，一般由合作双方名称、合作项目和文种三项组成，如"×××和×××合作经营××度假村意向书"。

2. 导语

导语通常要说明以下几层意思：一是签订意向书的单位；二是明确该意向书的指导思想和政策依据；三是规定本意向书需要实现的总体目标，最好用承上启下的惯用语结束引言，导出正文。

3. 正文

正文是意向书所要实现的总体目标的具体化，一般都以分项排列条款的形式来表述，各项条款之间的界限要清楚，内容要相对完整，既不要交叉叠叙，也不要过于琐碎，更不能有所疏漏。正文后部一般以"未尽事宜，在正式签订合同或协议书时予以补充"作结语，以便留有余地。

4. 尾部

尾部写各方谈判代表签字、签订时间和执存份数、地址、电子邮箱、电话号码、报送单位等。

意向书的写作结构无论采用哪种方式，它的基本格式和内容与合同大体相同，仍然是回答"为什么""做什么""怎么做"的问题。

（五）意向书的写作注意事项

1. 坚持平等互利的原则

写作意向书，不分国家大小、单位大小和资本多少，都应一视同仁，平等对待；既不能迁就对方，也不能把自己的要求无原则地强加给对方。

2. 是非要分明，态度要诚恳，做到不卑不亢，礼貌客气
3. 内容要明确，条款要具体，用词要准确，不能含混不清，模棱两可

四、写作训练

1. 指出下文中存在的主要问题

××市第一商业局促进两市企业经济联合意向书

为进一步加强和发展两市间的经济联合和商品交流，两市部分企业的代表进行了洽谈，就下述内容取得了共识：

（一）巩固和提高原有的横向联合组织和项目，这主要指"贸联会""经联会""六市轻纺产品销售中心"等，应扩大商品交流，加强相互往来，更好地促进两市日用工业品的生产和流通。

（二）双方积极努力，创造条件，确定于4月15日和9月20日在对方城市举办日用工业品展销会。双方这一意向应及时向各自的市政府汇报，主动争取市政府和有关单位的支持和配合。

（三）双方一致认为，在两市商业系统应建立起横向联络网，互相邀请参加商品展销会、供货会，互设地方产品批发地。两市商业局将做好对口联络的协调服务工作，并力争促进一些对口公司今春开展一些实质性工作。

××市第一商业局代表　　　　　　　××市第一商业局代表
业务处处长×××　　　　　　　　　业务处处长×××
××××年××月××日　　　　　　××××年××月××日

参考答案

2. 请你根据以下材料，起草一份意向书

××市现代科技培训中心拟与××出版社经过商讨，合作举办一期编辑、校对技术短期培训班。双方商讨要点为：① 培训期3个月。××××年9月1日开班，11月30日结业。② 培训学员10名。由乙方选送25岁以下、具有高中文化程度的人员。③ 培训费2万元，由乙方在开班前支付给甲方。④ 甲方提供培训场地、师资、教材，并负责教学管理，发放结业证书。

拓展例文

拓展例文

模块八 商务类文书

单元一　商业计划书

学习目标

1. 掌握商业计划书的定义及主要要素；
2. 掌握商业计划书的写作方法。

预期成果

能根据自己的投资业务发展情况，拟写出目标明确、内容准确、格式规范、说服力强、措辞得体的商业计划书。

一、模拟任务

开一家有特色的咖啡馆是你的梦想。有一个投资人对这个项目很感兴趣，希望你能提供一份咖啡馆项目的商业计划书。请你拟写一份咖啡馆项目商业计划书。

二、例文鉴赏

高铁餐饮"津津有味"
——高铁智能冷链中央厨房集成方案开拓者商业计划书摘要

建立一个面向高铁旅客的冷链中央厨房，实行统一原料采购、加工、配送，精简了复杂的初加工操作，操作岗位单纯化，工序专业化，有利于提高餐饮业标准化、工业化程度，是解决目前高铁旅客餐饮的迫切需要，只有这样，旅客才能在旅行中获得卫生安全、营养平衡、方便可口的标准化餐饮。

一、项目来源

根据《铁路列车餐饮服务经营开发操作指引（试行）》（开发产业函〔2016〕4号）的文件精神，结合中国铁路运营里程已有11.2万公里，高铁超过1.6万公里的实际情况，仅2019

年国家铁路完成旅客发送量就达 35 亿人次,列车餐饮是铁路服务的一项重要工作,直接体现着铁路"软件"水平的高下。从 2007 年步入高铁时代以来,铁路餐饮大部分还是大厨边烧煤炉边做饭的模式,已很难满足旅客的需求,尤其是很难满足高铁旅客对餐饮服务的需求,并且旅客在网上对高铁盒饭的价格、质量等问题时有微词。为了解决高铁服务中"人民日益增长的美好生活需要同发展不平衡不充分之间的矛盾",建立中央厨房式的铁路餐饮成了当务之急。以北京铁路局为例,日均发送旅客约 60 万人次,高铁旅客日均至少 20 万人次,如果能按日均 5 万份以上盒饭量产、量销,不仅可进一步提升品质、丰富品种,而且盒饭销售价格将同幅下降,各方获益。

二、市场机遇与前景

2019 年春节假期,全国道路运输预计共发送旅客约 3.38 亿人次,仅正月初六道路客运量达到 7 930 余万人次,约需要 1 200 万份餐饮。我国有 18 个铁路局,共管辖 334 个地市,目前大部分都设有高铁站,每个高铁站建设一个中央厨房,都难以满足高锋时餐饮供应,因此建设高铁中央厨房是当务之急。

为使高铁旅客获得卫生营养、标准量大的餐饮,本方案应用团队的 26 项发明专利,集成 190 多种智能餐饮设备、22 个机械手和 20 个机械人等,建立中央控制平台的信息系统,为铁路餐饮企业提供建设高铁智能无人中央厨房的解决方案,使 10 000 平方米的空间内可生产 2 万份/8 小时的冷链餐饮,方便旅客在高铁上通过加热后高质量地食用。此方案适用于全国 600 个高铁站点,市场需求总量达 300 亿元,可节约人力 80%,获得广东省机械工业学会科技进步奖二等奖等殊荣。

三、产品概述

高铁中央厨房是一个系统工程,包含安全报警系统、在线卫生检测系统、中央空间温度控制系统、湿度控制系统、洁净度检测系统、整厂监控系统、食品异物检测系统、物料管理系统、人员调配管理系统。其内含较多的关键技术,包括人员淋浴及消毒技术、蔬菜粗加工技术、地漏技术、多功能烹饪机技术、米饭蒸煮技术、调味料技术、米饭分装技术、菜肴分装技术、快速冷却技术、MAP 保鲜技术、烹饪搅拌技术、抽油烟技术、纯净水技术、洁净空间技术、湿度技术、温度控制技术、灭菌技术、灭蚊技术、自来水清化技术、蒸馏水技术、热量回收技术、冷库保温技术、地流平技术、包装技术、消防要求、电压技术、周转箱物流及清洁技术、污水处理技术。

将中央厨房的设备和系统进行集成,使中央厨房在使用中达到智能化生产、无人化操作,获得产量达 2 万份/8 小时卫生营养、方便可口的标准化餐饮。中央厨房的工艺操作流程为原料入库→初加工→熟化加工→冷却处理→保鲜包装→安全检测→存储及物流,如图 8-1-1 所示。按工艺流程布局分为原料仓库、解冻区域、初加工区域、熟化加工区域、冷却加工区域、包装区域、冷库区域、运输区域。

四、竞争优势

本公司主要面向高铁建立冷链中央厨房,从食材初加工到冷链包装,将各类机电一体设备用赋予智能化的手段,中间采用机械手和机械人运输技术,利用信息化系统,使各类食材在清洗、切削、熟化、冷却、包装等环节中无人或较少人参与,实现在中央厨房内无人化操作,既能保障过程的快速有效性,节约人力成本,又能保障空间内干净卫生,安全可靠生产,达到 2 万份/8 小时的生产目标。高铁智能无人中央厨房的特点包括以下几点:

① 智能化设备,实现在线全程智能化操作,达到设备高度集成;

② 无人化操作，采用机械手或机器人操作，使餐饮生产过程中无人化操作；
③ 信息化控制，实现整体中央厨房智能控制，达到高度信息化控制；
④ 高效融合产业，减少农业与工业、工业与商业的流动环节，降低生产成本，提高生产效率；
⑤ 雄厚的技术基础，拥有一批核心知识成果，其中发明专利26项，发表论文34篇等。

五、市场策略

高铁智能无人中央厨房建设方案的市场策略主要包括5点：

① 利用高智能设备集成，加强与铁路餐饮公司建立营销渠道，快速吸引市场；

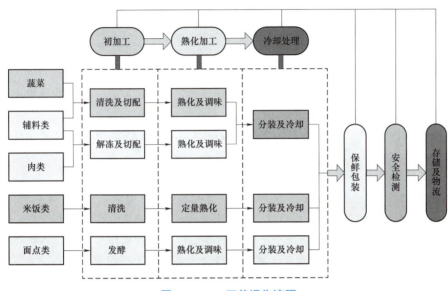

图 8-1-1　工艺操作流程

② 通过无人化操作模式把握市场关切，加大中央厨房的宣传力度，扩大社会认同度和需求度；
③ 利用上游供应链推动市场营销，联合农业、工业、商业，构成全产业链的共赢市场模式；
④ 利用信息技术，加大全线信息控制系统，提高市场技术优势的宣传，扩大市场需求；
⑤ 采用多种经营模式运营中央厨房，如独立投资运营型、联合共建利益分享型，扩大合作空间和运营的成功率，占领高铁中央厨房市场。

六、核心团队

本团队共由10人组织，其中学生有8人，企业技术老师1人、学校指导老师1人，博士研究生学生1人，硕士研究生1人，本科1人，大专学生7人。团队人员30岁以下的占80%，具有较强的拼搏精神，对中央厨房相关研究领域有较深的了解，特别对高铁中央厨房的设备和系统有一定的技术积累，如表8-1-1所示。

表8-1-1　核心团队基本情况

序号	姓名	单位	职责	备注
1	凌远雄	广州铁路职业技术学院	公司创始人及首席执行官	
2	秦炜俊	广州铁路职业技术学院	技术总监	

续表

序号	姓名	单位	职责	备注
3	胡明祥	广州铁路职业技术学院	财务总监	
4	古道朗	广州铁路职业技术学院	食品安全负责人	
5	候少慧	广州铁路职业技术学院	设备集成负责人	
6	刘文峰	广州铁路职业技术学院	系统集成负责人	
7	罗咏琪	广州铁路职业技术学院	运营及市场拓展负责人	
8	姚欣	广州铁路职业技术学院	工艺规程负责人	
9	徐哲定	广州玺明机械科技有限公司	指导老师	企业
10	周欢伟	广州铁路职业技术学院	指导老师	学校

七、目标规划

总体目标：形成国内首个高铁中央厨房的建设标准和技术规范，成为高铁中央厨房建设的领导者。

初期目标：1~2 年，成立公司，实现企业化运作，建立高铁中央厨房的示范基地，建设集成设备和系统的固定供应链，形成农工商整个产业链的合作渠道，以多种合作模式，快速进入华南市场。

中期目标：3~5 年，树立高铁中央厨房建设者的品牌，形成规范的售后服务标准，提供标准的餐饮生产方案，优化设备和系统方案，提升餐饮生产的智能化程度和效率，进入全国市场。

长期目标：6~10 年，形成高铁中央厨房的建设标准和技术指引，构建模块化式的设备和系统方案，为行业和产业链企业提供成熟的解决方案，提高全国市场的占有率，引领高铁中央厨房的建设。

八、财务状况

目前状况：通过协商，形成了技术团队和股份比例，共投入资金 1000 万元，设备和系统购置通过预付订金+验收后支付的方式进行，建设一个中大型的高铁中央厨房建设期约 6 个月计算，国家创造税收约 600 万元，净利润 400 万元，带动 40 人的就业。

未来展望：高铁中央厨房是高铁运营过程中的刚性需求，全国需要 600 个中央厨房供应才能满足日常需求，建设中需要大量的流动资金。成立公司后，将采用稀释股份的方式，进行第一轮融资、第二轮融资弥补资金不足。每个智能无人中央厨房设备及系统需要 5 000 万元的建设资金计算，全国有 300 亿元经济总量，以每年同时建设 5 个高铁智能无人冷链中央厨房计算，需要 1 亿元的活动资金。现面向社会融资 8 000 万元，预估利润率保持在 35%左右，能给投资者带大巨大的投资回报。

（资料来源：《高铁餐饮"津津有味"——高铁智能冷链中央厨房集成方案开拓者商业计划书》 周欢伟）

三、必备知识

（一）商业计划书的定义、作用及特点

1. 商业计划书的定义

商业计划书是 Business Plan 的译文，有时根据应用的背景和场合不同也可以称为商业计划或者创业计划书。目前流行的定义很多，权威的定义是《牛津商务字典》的定义："商业计划书是一个详细的计划，它设定了企业在一段时期内的目标，通常是 3 年、5 年或 10 年。许多企业都会制定商业计划，尤其是在企业经历了一番挫折或企业政策进行了一次重大调整之后。对于新创企业来说，商业计划书也是企业筹措资本或贷款的必要文件。商业计划书应该尽可能量化目标，提供至少头两年的月现金流和生产数据，其后几年的相应细节可逐渐减少。商业计划书还必须简要阐明企业实现其目标的战略和策略，应该提供至少两年的预估资产季度损益表，以及其后的年损益表。集团公司的商业计划书经常称为公司计划。"这个定义最全面、具体、明确，具有可操作性。

2. 商业计划书的作用

商业计划书是参加各种创业比赛获取创业资源的一个必备的核心文件，也是企业发展中全面、自我诊断的最有效的管理工具。参加互联网+创新创业大赛、挑战杯大学生创业大赛、粤港澳京津冀创新创业大赛等各种类型的创新创业大赛的第一步，就是必须准备一份书面的商业计划书。上市公司的招股说明书、重组方案等文件的核心要点与商业计划书的要点大同小异。

据有关资料显示，在世界上 500 家成长最快的公司中，绝大多数在成立初期就制定了商业计划书。美国快速成长的企业中有 68%从商业计划书开始；考夫曼创业领导中心调查获年度奖的创业家的结果表明：制定了计划书的企业与没有商业计划书的企业相比，有 50%的企业销售额更高，有 12%获得更高的利润。可见，商业计划书可以起到帮助创业人员自我诊断、获取资源的重要作用，是公司创立人描述其远景未来的一个报告，是运营公司的一套思路。商业计划书可以帮助公司分析优势劣势，帮助公司改进商业模型，判断某些因素的变化对整个盈利模式的影响，比如汇率、税率等，及时完善商业模型，帮助公司获得经营过程中的所需资源（资金、信息、专业人士、重要的顾问、董事或团队成员等）。

3. 商业计划书的特点

（1）商业计划书有完整的内容体系

商业计划书重点详细介绍商机评估、潜在风险大小和收获回报；对商机、资源、团队之间的配置进行系统的定性和定量分析。

（2）商业计划书逻辑层次分明、内容结构清晰

如执行摘要是整体内容的高度浓缩；每一部分、每一段最前面的文字部分是结论。最重要、最核心的内容首先进入读者（创业资源提供者）的视野。

（3）商业计划书可帮助创业者获得创业过程中所需的资源

商业计划书可帮助创业者获得创业过程中所需的资源，如资金、信息、专业人士、重要的顾问、董事或团队成员等。商业计划书是帮助企业获取创业资源的必要文件。

实用写作手册

（4）商业计划书是公司管理运营的一套清晰思路

商业计划书是公司管理运营的一套清晰思路，可以帮助创业者明晰持续盈利的潜力并管控可能遇到的各种风险。这些风险包括战略风险、技术风险、市场风险、管理风险、人才流失风险和财务风险。商业计划书能够帮助公司改进商业模型和盈利模式。

（二）商业计划书的写作技巧

1. 封面

把产品或服务的一幅彩色图片放在首要位置，空出足够的版面排列以下内容：

（1）公司名称

（2）工商注册日期

（3）公司性质

（4）公司地址

（5）邮编

（6）融资负责人姓名

（7）职务

（8）电话或手机号

（9）传真

（10）微信号

（11）电子邮件信箱（E-mail）

（12）公司主页（www……）

（13）商业计划书编号

（14）签字

（15）日期

可通过扫描一个二维码，涵盖以上15项内容。

保密要求，建议在封面页底部写上如下文字：此商业计划书在保密基础上提交，其保密性是为了保障具有资格的特定投资者的利益，其他人无权使用。该计划书不可以任何方式复制、存储。未经允许，不得复印、传真、复制或散发。

2. 执行摘要

执行摘要对获取资源或获得更上一级决策人的决策十分重要。许多投资者主要根据摘要来决定项目是否值得投资。因此执行摘要必须有说服力和吸引力，要简短而精炼，尽量控制在两页以内。用一两句关键语句或关键事实和数字描述清楚是什么商机、为什么存在这样的商机、谁来把商机付诸实施以及为什么这些人可以这样做；公司如何进入市场并进行市场渗透等，即回答"这个企业为什么可以存在，以及为谁而存在"，开宗明义，直奔主题。清楚地介绍企业具有可持续性以及它是如何给客户或最终用户创造价值或增加价值的，投资人会获得怎样的回报。

执行摘要不同于项目简介、项目摘要、项目说明、项目要点。执行摘要主要包括以下内容：

（1）企业理念和主要运营要点

这部分文字限制在150字之内，要简明扼要、直奔结果。这段内容要清晰地介绍产品或服务从根本上解决客户现在的哪些痛点,还必须指明公司何时成立、有何远景,其服务或技术有何独特之处等。摘要中还应包括有关专有技术、商业机密或企业独具的能力等信息,获得市场领先优势的核心竞争力。如果公司已经成立了数年,要简要概述一下它的规模和发展经历。

(2)商机和战略

概述为什么存在这多大的商机,为什么对此商机有兴趣以及计划开发此商机的进入战略。

(3)目标市场和预测

确认并简要解释行业潜在市场、目标市场、主要客户群、产品或服务定位,以及计划如何接触到这些客户群并向他们提供服务。包括市场结构、正在寻找的细分市场或机会市场的大小和成长率、预估的销售数量、预计的市场份额、客户的付款账期以及定价策略等。

(4)竞争优势

介绍产品或服务带来的明显竞争优势、供货周期的优势、市场进入者壁垒、竞争者的缺点和其他的行业准入优势。

(5)经济性、盈利性和回报潜力

尽可能用关键数字介绍毛利和经营利润、期望盈利率和盈利持续的时间、达到盈亏平衡点的利本量分析、正现金流的大致时间、关键财务预测、预期投资回报等。

(6)团队

概述高管团队关键人物和每个团队成员的相关知识、经验、专长和技能背景,特别要说明他们以前所取得的经营成就、承担的管理职责、管理经验甚至失败教训。如核心高管人员曾经独当一面负责过的部门、项目或企业的规模等。

(7)对获取资金或其他重要资源的说明

简要说明股权融资金额或所需的债务融资金额、准备给提供资金者多少公司股份、资金的主要用途是什么以及目标投资者、贷款人或战略伙伴如何达到他期望的回报率,回答的核心是如何共赢。

3. 行业、公司及其产品或服务

重点要清晰介绍公司远景、战略、产品和服务理念,以及它如何面对所在的行业竞争。如行业介绍、公司理念远景介绍、产品或服务介绍、专有权介绍、潜在优势,以及产品或服务的持续成长战略。

(1)行业

介绍所创企业其所在行业的现状和前景。介绍行业结构,市场构成及大小、成长趋势和竞争态势。讨论任何新产品或新发展、新市场和新客户、新需求、新进入者和离开者以及其他能对企业产生正面或负面影响的因素,以及与此有关的国家政策放权、收权或宏观经济形势和其他影响因素。

(2)公司愿景、战略定位和经营理念

概括描述公司理念、公司当前的业务和打算进入的业务、将提供的产品和服务以及谁是主要客户;给出新创公司成立的日期、公司产品、骨干人员对产品开发的参与度。如果公司已经运行了几年并正在寻找扩张资金,简要回顾公司历史,介绍以前的营销和盈利业绩。

(3)产品或服务

详细地介绍所销售的每种产品或服务，介绍产品的主要最终用途和重要的第二用途，说清楚产品是如何解决痛点、向客户或用户提供价值或所需的服务。强调产品或服务的独特性，以及这些独特性如何创造更大的价值；同样，要突出目前市场上的产品和服务与公司打入市场所提供的产品或服务之间的差异以及如何提供超预期的增加价值。

（4）市场进入战略和成长战略

指出营销计划中的关键成功变量（如创新产品、机会优势或营销方法）和定价、分销、广告和促销计划。概述公司发展的速度、在今后几年中要发展到什么规模，以及在出了第一代产品或服务后的发展计划。说明如何根据商机、增加价值或其他竞争优势（如竞争者的弱点）制定进入战略和成长战略。

4. 市场分析和预测

这是商业计划书中最重要的一部分。商业计划书的其他部分都以此为基础。该部分应明确说明企业如何能在一个成长行业中获取最大的市场份额，并从容应对竞争。

（1）客户

讨论产品或服务的客户到底是谁或将是谁。潜在客户必须按具有共同的可识别客户来分，如按主要细分市场来分，显示每个细分市场上产品或服务的主要购买者是谁、在哪里。必要的话，应该包括国内和国外市场。

列表显示已有的订单、合同或意向书等。根据客户分类，说明他们为什么有兴趣购买。另外，还要列出对公司推出的产品或服务没有兴趣的潜在客户，并解释为什么他们没有兴趣以及公司将怎样做，来克服客户的负面反应并提出应急预案。重在说明产品或服务要多久才能被市场接受。

（2）市场大小和趋势

细分市场到人群、地区、国家，以数量、销售额和潜在盈利能力来说明今后 5 年内公司将提供的产品、服务的总市场规模和将占据的市场份额。并合理说明产品或服务所针对的每个主要客户群、地区或国家市场至少在 3 年内的潜在年增长率。讨论影响市场增长的主要因素（如行业趋势、社会经济趋势、政府政策和人口流动），并总结分析过去的市场趋势，对出现的显著性预期差异或波动都必须加以解释。

（3）竞争和竞争优势

客观地评估竞争者的优势和劣势，合理评估产品和服务的替代品，并列出提供这些替代品的公司，最好将国内和国外公司一并列出。

根据市场份额、质量、价格、性能、物流、时间、服务、维保和其他有关特征来与竞争品和替代品进行列表比较。

从为客户带来的经济利益的角度来比较公司的产品或服务与竞争者的产品和服务所增加的或创造的根本价值。讨论这些产品和服务现在的优势和劣势，并说明为什么还没有满足客户的哪些需求。

介绍公司对竞争者占领市场商业行为的深度认识，据此开发出新产品或改进现有产品。总结竞争对手的优势和弱点，并判断和讨论每个竞争者的市场份额、销售额、分销方式、生产能力和物流配送能力。分析判断竞争对手的财务状况、资源、成本和盈利性以及它们的利润趋势。

指出谁是服务、定价、绩效、成本和质量的行业领导者。讨论为何最近几年有些公司进入或离开了市场，讨论三四家关键竞争者的情况以及为什么客户购买它们的产品，并判断、讨论客户为什么离开它们。

据对竞争者业务的了解，解释你们公司为什么认为它们经不起竞争，并且你们公司能够从它们的业务中获得一部分市场份额。特别要讨论的是，要通过诸如专利这样的优势，取得独有的竞争优势。

（4）预估市场份额和销售规模

概述与产品或服务有关并在目前的竞争状况和潜在竞争状况下能取得最大销售规模的措施，特别要提到产品或服务能增加或创造的核心价值。

识别所有愿意作出或已经作出购买承诺的主要客户（包括国际客户），指出承诺的程度和作出承诺的原因，并讨论在未来几年中哪些客户可能成为购买者、为什么。

根据对产品或服务的优势、市场规模和趋势、客户、竞争对手及其产品以及前几年销售趋势的评估，预估今后3年每年要获得的市场份额、销售数量和销售额，要特别写明所用的假设条件。

（5）持续评估市场

说明公司将如何及时评估目标市场，评估客户需求和服务，指导产品的改进计划和新产品研发，为生产设备、设施的扩充制定计划，指导产品或服务定价。

5. 企业的经济规模分析

经济规模和财务特征包括产生利润的关键环节和盈利的持久性，这些特点必须使你们公司的商机看起来更有吸引力。企业的营运和现金流、价值链等必须和商机以及商业计划书中所确定的战略直接关联。

（1）毛利和经营利润

描述计划进入的细分市场上销售的每种产品或服务的毛利（即销售价格减可变成本）和经营利润的大小，包括企业的毛利分析结果，特别列明不包含非经营性利润。

（2）利润潜力和持续期

描述公司将产生的税前及税后利润流的大小和预期持续期、引用的适用于该行业的平均回报率，用其他竞争数据与自身的相关经验性回报做比较。

分析判断利润流的持久性，对利润流持续期的长短给出理由，比如能够创造出的市场进入壁垒、现有技术和市场周期等。

（3）固定成本、可变成本和半固定成本

用金额和总成本的百分比详细概述所提供的产品或服务的固定成本、可变成本和半固定成本，以及构成这些成本的基础购买量和销售量。

（4）达到盈亏平衡的月数

全面考虑进入市场策略、营销计划和拟定的融资量，预测将花多长时间来达到盈亏平衡的销售量水平。说明随着公司业务的成长和能力的显著增加，盈亏平衡将逐渐发生的重大变化。

（5）达到正现金流的月数

综合考虑上述策略和假设条件，说明企业何时将达到正的现金流。说明是否会发生现金用完的情况、何时发生。注明发生这种情况的假设条件是什么。说明随着公司的成长和能力的显著增加，现金流将逐渐发生的重大变化。

6. 营销计划

营销计划要介绍如何达到预期销售规模，详细说明发掘商机和竞争优势的总体营销战略。包括对销售和服务政策的讨论、定价、分销、促销和广告策略，以及销售预期，必须讲明要做什么、如何做、何时做以及谁是责任主体。

（1）总体营销战略

整体考虑价值链和所分析的机会市场上的分销渠道，说清公司的特定营销理念和战略。比如，对几种客户群的讨论，将它们分为已经获得订单的客户群、将成为初期密集销售对象的目标客户群以及将成为今后销售目标的客户群；如何识别出这些客户群中的潜在特定高价值客户以及如何接触到这些客户；可以通过强调产品或服务的哪些特征——如服务、质量、价格、交货、维保或培训——来增加销售量，比如复购率提升、客单价提高，等等。

（2）产品和服务定价

讨论定价策略，包括产品或服务的价格，并把定价原则和主要竞争对手的定价原则做比较，包括简单讨论客户选购的投资价值。

讨论制造成本和最终销售之间的毛利润，并指出毛利润是否能全覆盖分销和销售、维保、培训、服务、开发和设备成本的分摊、价格竞争等花费的成本后，仍有利可图。

解释所定的价格将如何有利于让客户接受产品或服务，并维持客户忠诚度；在面临竞争时保持并增加市场份额并产生利润。

根据带给客户的经济性回收期以及通过新颖性、质量、维保、时机、性能、服务、成本节约、效率等增加的价值来说明你的定价战略，并说明产品价格与竞争产品或替代品价格之间的差异。

（3）销售战术

说明销售和分销产品或服务将采用的方法（如建立销售队伍，设立销售代表，利用现成的制造商销售组织、网络销售或分销商等），以及为销售队伍制定的初期和长期计划，包括对各种特定需求的讨论。

讨论价值链和最终给予零售商、分销商、批发商的利润加成，以及给予分销商或销售代表的有关折扣、独家分销权等的特别政策，并把这些和竞争对手所给予的进行比较。

列出一张销售日程表和一份销售预算，包括所有的营销推广成本和服务成本。

（4）服务和维保原则

如果公司提供的产品在服务、维保或培训上有要求，则要指出这些要求对客户购买决策的重要性，并讨论公司处理服务问题的方法。

介绍所提供的各项维保的种类和条件，是由公司服务人员、代理商、经销商和分销商提供维保服务还是返回给工厂。

列明拟定的服务收费，以及服务这项业务是可以盈利的还是仅仅保本。把公司的服务、维保和客户培训原则及实践与公司的主要竞争对手进行比较。

（5）广告和促销

介绍公司将使用什么方法来使产品或服务吸引准客户的注意力。对工业产品制造商，要说明参加贸易展、在贸易杂志（行业刊物）上做广告、直邮销售、制作产品宣传单和促销材料以及使用广告代理的计划。对消费品，要说明为引进产品而打算采取的广告战和促销战，以及将向经销商提供的销售帮助和必须参加的贸易展等。

(6)分销与网络营销

说明采用的分销方式和分销渠道以及设立电商销售部的策略。说明物流成本占销售价格百分比的大小。

7. 产品设计和研发计划

在产品和服务投入市场以前,必须详细考虑研发,以及所需花费的时间和资金,通常设计和开发成本会被忽视或低估,所以,要说明营收、研发费比例与行业平均数比较的高低程度。

(1)开发状态和任务

介绍每个产品或服务现在的状态,并解释要使产品和服务达到畅销,还需要做哪些事情。简单介绍为完成开发工作所具有的或需要的能力、专长以及费用支出。列出将参与产品或服务的开发、设计或测试的客户或最终用户。

(2)困难和风险

明确预计主要设计和开发如果延迟,需要的解决方法和风险预测,以及风险对设计和开发成本、市场引入时间等因素的可能影响。

(3)产品性能改进和新产品

除了介绍初期产品性能改进的研发外,还要讨论后续产品或服务有竞争力的迭代更新设计和研发,开发、销售给同类客户群的新产品或服务。

(4)成本

说明并讨论设计与开发预算,包括人工成本、原材料成本、咨询费用等。讨论低估这项预算对预期现金流的影响,包括15%~30%的变化带来的灵敏度分析。

(5)专有权问题

写出公司所具有的或正在寻找的各种专利、商标、版权等知识产权或专有技术。列清使公司拥有排他性权利或专有权的各种合同或协议等。

8. 生产和营运计划

生产和营运计划必须包括工厂选址、必需的设备选型、厂房空间要求、资本设备要求和劳动力(全职和兼职)要求。

(1)营运周期

说明公司基本营运循环的交付、延迟时间,如何处理季节性的生产任务,避免出现供需不平衡。

(2)地理选址

说明公司计划的地理选址,根据劳动力因素、对客户或供应商的接近度、物流的便利程度、国家和当地政策优惠程度、公共设施的便利程度等讨论选址的优势和劣势。

(3)设施和改善

对于现有公司,要描述它的设施,包括工厂和办公场所、仓库和土地、特种设备、机器及其他目前用于公司业务的资本性设备等,并讨论设施是否足够、设施的规模经济性如何。

对于新创办的公司,说明如何获得投产所需的设施以及何时获取、设备和场地租赁或购买的成本和交货期,以及融资中多大的部分用于工厂和设备。

(4)工艺与生产计划

介绍生产工艺,包括产品生产过程和所有有关零部件分包——而非自己全包的决策。

根据库存融资、可供劳动力技能及其他非技术问题，以及生产、成本和人工因素来调整是自产还是外购。

讨论谁可能成为潜在的分包商或供应商，并讨论有关这些分包商或供应商的各种信息和调查报告。

列出一份生产计划，写明在具有不同销售额的各个层次上的成本、数量、库存信息，包括以下分类项：可用原材料、劳动力、购买的零部件、工厂经常性开支。

写明公司质量控制、生产控制、库存控制的方法，并解释公司将采用的质量控制和检测过程，以将服务问题和某些客户的不满度降到最低。

（5）法规和法律问题

讨论针对公司的产品、工艺或服务的各种相关的法规要求，如开业所需的许可证、分区许可、健康许可、环境审批、特行许可等。注明可能影响公司商机本质及其时机的各种将发生的法规或政策性变化，特别强调的是涉及的建筑物是否获得消防验收。

9. 管理团队

主要介绍团队必须具备的优势、关键管理人员及其主要职责、企业的组织结构、董事会、所有其他投资者的股权状况等，突出其敬业精神和学习能力等。

（1）组织架构

画出公司组织架构图，说明为什么设立有关特殊部门。

（2）关键管理人员

详细介绍每个关键人员职业生涯的精彩部分，拥有专门技术、技能和成就的经历，证明他具备履职的能力。重点介绍团队在销售和盈利上的成就、此前创业的管理成果。

描述管理团队中关键人员的确切职责能力，包括每个关键管理成员的完整简历或简历表，强调相关专业培训、经验和成就甚至失败经历。

（3）管理层报酬和股权

说明要支付的月薪、计划安排的股票所有权和管理团队每个关键成员股权投资的数额。

（4）其他投资者

描述其他投资者的情况，如具有较多股份的其他投资者的股份占比、股票被收购的时间安排和价格。

（5）劳动用工合同、其他协议以及股票期权和奖励计划

明确和关键管理人员有关的各种现有或打算采用的劳动合同及其他协议；指出对股票和投资的各种限制，这些限制条件对股票所有权和处置可能产生的影响；介绍各种凭业绩分配的股票期权或奖励计划；推介给予关键管理人员和一般雇员的各种股票期权或其他股票所有权激励计划，包括计划安排的或实际上已经采用的。

（6）董事会

指出董事会的规模、所有拟定的董事会成员背景、能为公司带来的资源。

（7）其他股东、权利和限制条件

指出公司的所有其他股东以及各种权利、限制或义务，如与这些权利义务有关的票据、担保、关联交易等。

（8）专业顾问和服务支持

指出将需要的法律顾问、财务顾问、证券顾问、公关传媒顾问等专业中介服务。

10. 总日程进度表

表中体现主要事件的时间和内在联系，这是启动公司和实现公司目标的必要条件，是商业计划书中必不可少的部分。

总日程进度表不仅可以提供规划方面的帮助，还可起到说服潜在投资者的作用，可使潜在投资者相信该管理团队能够很好地规划公司的成长，对产品研发、生产运营、市场营销、人力资源、维保服务、筹融资、风控内控等重大事项列出时间节点、责任人。

11. 风控和内控

商业计划书必须给出与所在行业、公司和人员、产品的市场、融资的风险及其负面结果的影响。主动指出并讨论风险，有助于向投资者表明计划书已考虑过它们并且能够处理。可以从以下几个方面来考虑主要问题和风险，如现金流平衡风险、竞争者引起的价格战风险、行业政策发生变化带来风险，以及设计或生产成本或周期超出预期，销售与预期出现大的偏差，零部件或原材料采购过程中遇到困难或订货周期长、订单大量涌入后运营资金不足等引起的风险。

12. 财务分析

财务分析是评估投资商机的基础。财务报表分析是财务管理的一部分，会计记账要以现金流为基础，所以，财务报表必须涵盖 3 年，包括当年和上一年的损益表和资产负债表、3 年的盈亏预测、预估损益表和预估资产负债表以及盈亏平衡利本量分析图。

盈亏平衡利本量分析图显示弥补所有成本所需达到的销售水平和产量，主要包括以下内容。

（1）实际损益表和资产负债表

对现有企业来说，要准备当年和上两年的损益表和资产负债表。

（2）预估损益表

用销售预测和随之产生的生产或营运成本来准备至少最初 3 年的预估损益表。

（3）预估资产负债表

在第 1 年每半年准备一次预估资产负债表，在营运最初 3 年，每年年末准备一次。

（4）预计现金流分析

预计营业第 1 年中每月的现金流和其后至少 2 年的每季现金流，详细说明预计现金流流入和流出的金额和时间。

（5）盈亏平衡利本量分析图

计算盈亏平衡点，用图表显示出什么时候将达到盈亏平衡以及可能发生的盈亏平衡点的变化。

（6）成本控制

描述如何获得关于成本的报告信息，多长时间收到一次；谁将负责各种成本因素的控制以及如何处理预算超支。

（7）特别说明

如所需的最大现金量和何时获得这些现金、需要的债务融资额和股权融资额、债务归还的时间节点等。

13. 拟定的公司融资（招股）方案

商业计划书这部分的目的是给出需要筹集的资金额和提供给投资者的证券性质和额度，简单描述筹集资金的用途，并大概说明投资者如何实现期望的回报率。

(1) 期望融资

根据预计的实时现金流和对今后 3 年公司发展、扩张所需资金额的估计，分析出此次股权融资将获得多少资金以及通过信贷限额将获得多少资金的最佳组合。

(2) 招股发行

描述此次融资将出售的股票类型（如普通股票、可转换公司债券、担保债券、债券加股票）、单价和证券总量。如果证券不仅仅是普通股，还要指出类型、利息、到期日和转换条件。指出在融资完成后或各种可转换债券或认股权证购买权的转换和买卖完成后，此次融资投资者在公司中所占股权的百分比。

(3) 资本总额

以表格的形式列出用普通股来偿付股份的现行数目和拟发数目。列出由关键管理人员提供的股份并显示在完成拟定融资后他们将持有的股份数。给出公司普通股中有多少股份在此次发行中没有发行但将继续保持可发行状态，其中多少是留给未来员工的股票期权。

(4) 资金的使用

要提供关于如何使用筹集资金的简要说明，详细地概述用于产品设计和开发、资本性设备、市场营销和一般营运资金等方面的资金需求量。

(5) 投资者的回报

说明价值判断和拟定所有权股份将如何使目标投资者获得希望的投资回报率，以及可能采用的收获机制或退出机制。

14. 附录

可以列出下列内容：

(1) 产品说明书、彩页介绍

(2) 销售记录文件

(3) 媒体报道

(4) 主要人员简历

(5) 专有技术的证明文件，比如专利证书、授权许可的复印件等

(6) 主要设备、设施、库房的照片

(7) 公司网页

(8) 有关重要信件

(9) 关键零部件的供应商以及供应商的报价单

(10) 市场研究数据

(11) 重要协议或合同

(12) 专业术语介绍

(13) 补充数据说明表单

(14) 行业刊物综述

(15) 其他参考资料

参考答案

四、写作训练

1. 修改商业计划书中团队成员的介绍

以下是一份咖啡馆项目商业计划书中团队成员的介绍,如表 8–1–2 所示,请你进行修改。

表 8–1–2　某某咖啡馆项目核心团队

姓名	性别	学历	学位	专长	工作经历
张三	男	本科	学士	沟通	某品牌咖啡推销员
王五	男	专科	无	会计	某公司会计
赵四	女	专科	无	管理	某公司人事专员

2. 写一份商业计划书

请你为家乡的某种特产写一份商业计划书。

拓展例文

拓展例文

制度类文书　拓展例文

条据类文书　拓展例文

轨道交通专用文书　拓展例文

附录 1　党政机关公文处理工作条例

附录 2　党政机关公文格式

附录 3　标点符号及其用法

附录 4　出版物上数字用法的规定

参考文献

[1] 杨文丰. 高职应用写作（第2版）[M]. 北京：高等教育出版社，2020.
[2] 秦川. 实用文书写作指南[M]. 北京：中国人民大学出版社，2004.
[3] 张文英. 新编应用文写作教程[M]. 天津：南开大学出版社，2010.
[4] 邱平. 新编应用文写作[M]. 广州：中山大学出版社，2002.
[5] 苏平，钟萌. 应用文写作教程[M]. 北京：北京工业大学出版社，2004.
[6] 申明清，甘小的. 实用应用文写作[M]. 上海：上海科学技术文献出版社，2007.
[7] 姚国建. 应用文写作[M]. 合肥：合肥工业大学出版社，2009.
[8] 张大成. 现代礼仪文书写作[M]. 北京：首都经济贸易大学出版社，2004.
[9] 夏惠敏，张祥平. 应用文写作[M]. 武汉：华中科技大学出版社，2007.
[10] 张耀辉. 大学应用写作（第3版）[M]. 上海：上海交通大学出版社，2003.
[11] 叶润平. 应用写作[M]. 合肥：合肥工业大学出版社，2005.
[12] 万国邦，戴五焕，王秋梅. 应用写作实训教程[M]. 武汉：武汉大学出版社，2008.
[13] 张武华，谢伟芳. 最新应用文书写作[M]. 北京：中国经济出版社，2004.
[14] 郑忠孝，欧海龙. 应用文写作教程[M]. 天津：南开大学出版社，2010.
[15] 王玉琴. 新编应用文写作教程[M]. 合肥：安徽大学出版社，2021.
[16] 薛胜男. 职业沟通能力训练[M]. 广州：广东高等教育出版社，2020.
[17] [美]杰弗里·蒂蒙斯，小斯蒂芬·斯皮内利. 创业学[M]. 北京：人民邮电出版社，2014.
[18] 林红. 大学实用写作[M]. 厦门：厦门大学出版社，2021.